KAHLIL GIBRAN
NEIL DOUGLAS-KLOTZ (ORG.)

O PEQUENO LIVRO DO AMOR

Tradução
Sandra Martha Dolinsky

1ª edição

Rio de Janeiro | 2022

EDITORA-EXECUTIVA Raïssa Castro	**DESIGN DE CAPA** Juliana Misumi
SUBGERENTE EDITORIAL Rayana Faria	**REVISÃO** Anna Beatriz Seilhe
EQUIPE EDITORIAL Beatriz Ramalho Mariana Gonçalves Ana Gabriela Mano	**DIAGRAMAÇÃO** Mayara Kelly **TÍTULO ORIGINAL** *Khalil Gibran's Little Book of Love*

CIP-BRASIL. CATALOGAÇÃO NA PUBLICAÇÃO
SINDICATO NACIONAL DOS EDITORES DE LIVROS, RJ

G382p

Gibran, Kahlil, 1883-1931
O pequeno livro do amor / Kahlil Gibran; organização Neil Douglas-Klotz ; tradução Sandra Martha Dolinsky. – 1ª ed. – Rio de Janeiro: BestSeller, 2022.

Tradução de: Little book of love
ISBN 978-65-5712-167-2

1. Amor. 2. Relações humanas. I. Douglas-Klotz, Neil. II. Dolinsky, Sandra Martha. III. Título.

22-75340

CDD: 128.46
CDU: 177.61

Camila Donis Hartmann - Bibliotecária - CRB-7/6472

Texto revisado segundo o novo Acordo Ortográfico da Língua Portuguesa.

Copyright © 2018 by Neil Douglas-Klotz
All rights reserved. Published by arrangement with Hampton Roads Publishing Company Inc.

Copyright da tradução © 2022 by Editora Best Seller Ltda.

Todos os direitos reservados. Proibida a reprodução,
no todo ou em parte, sem autorização prévia por escrito da editora,
sejam quais forem os meios empregados.

Direitos exclusivos de publicação em língua portuguesa para o Brasil
adquiridos pela
Editora Best Seller Ltda.
Rua Argentina, 171, parte, São Cristóvão
Rio de Janeiro, RJ – 20921-380
que se reserva a propriedade literária desta tradução

Impresso no Brasil
ISBN 978-65-5712-167-2

Seja um leitor preferencial Record.
Cadastre-se no site www.record.com.br e receba informações
sobre nossos lançamentos e nossas promoções.

Atendimento e venda direta ao leitor:
sac@record.com.br

A TODOS OS AMANTES SEPARADOS
PELA ILUSÃO DO OUTRO

Sumário

Introdução 13

1. A iniciação do amor   23

A primavera do amor   24
Beleza no coração   26
Primeiro amor   27
Desejo errante   30
Cantando o coração   31
Beleza e amor   32
Se tens desejos...   34
Descrevendo o primeiro amor   35
Identidade trocada   36
Amor de verão   37
Ó, amor   39
O desejo é metade   41

Entre o desejo e a paz   42
Deus se move na paixão   43
Vozes em êxtase   45
Seu corpo é a harpa de sua alma   47
Se seu coração é um vulcão   49
O amor atravessando a idade   50
Um desejo não realizado   51
Uma paixão não consumida   55
Todas as estrelas de minha noite se desvaneceram   56

2. Os véus do amor   61

Presentes do amor   62
O coração enjaulado   63
Amor *versus* lei   65
Três pessoas separadas   66
O que os amantes abraçam   67
Dois tipos de amor   68
Quem amamos?   69
Risos e lágrimas   70
Amor purificado por lágrimas   73
O coração de uma mulher   74
O amor acaricia e fere   75
O outono do amor   77
Entre o coração e a alma   79
Lágrimas e gotas de orvalho   81

Profundidade   82
Onde estás, meu outro eu?   83
Quem está crucificando o sol?   85
Estações de teu coração   87
Grande anseio   88
Anseio além das palavras   90
Sozinho?   91
Abrindo o coração   93
Falando e ouvindo o coração   94
Liberdade e servidão   96
Lágrimas pela pessoa amada...   97
Colhendo a dor do coração   100

3. *Todos os nossos relacionamentos*   103

Mãe   104
A canção que repousa silenciosa   105
Provérbios sobre crianças   106
Canções de ninar   107
Se o amor estivesse na carne...   108
Esconde-esconde   109
Canção de amor   110
Amor e ódio   111
Dois lados   112
O eremita, as feras e o amor   113
Trabalhando com amor   114

Ondule um pouco mais perto... 115
Provérbios sobre inimigos 117
Amigos e desconhecidos 118
Amizade — tempo para viver 120
A doce responsabilidade da amizade 122
Amando o próximo 123
Teu semelhante é teu eu desconhecido 124
O vizinho não amigo 126
Teu vizinho é um campo 127
Amor e patriotismo 129
Espaços em vossa união 131
Chama a chama 132
Amando a ovelha perdida 134
Os dedos de uma mão amorosa 137

4. Um amor além 139

O inverno do amor 140
Um ritmo para os amantes 143
O amor é a única liberdade 144
O amor é justiça 145
O silêncio sussurra ao coração 147
A canção de amor das ondas 148
Sementes do coração 151
Canção do amor 152
Luz do amor 155

O amor se basta   156
Quando o amor se torna vasto   157
Fora de meu coração mais profundo   161
Anseio pelo coração da pessoa amada   163
Amor e tempo   167
Amor criado em um momento   168
Os jardins de nossa paixão   169
Ataque selvagem do amor   171
Minha alma é minha amiga   175
Ficar e partir   177
Meu desejo reunirá   178

Obras dos textos selecionados   *179*

Introdução

Os aforismos, histórias e poesias de Kahlil Gibran sobre o amor ainda são dos mais conhecidos entre os leitores ocidentais. As perspectivas desse escritor libanês-americano, no entanto, estendem-se para além das citações mais usadas em cartões de datas comemorativas, até um vasto campo de relações humanas — paixão, desejo, amor idealizado, justiça, amizade e os desafios de se relacionar com desconhecidos, pessoas próximas e inimizades.

Essas novas coleções de "pequenos livros" lançam um olhar renovado sobre as palavras e a sabedoria de Gibran, levando em conta as principais influências de sua vida: cultura, misticismo natural e espiritualidade médio-orientais. Podemos facilmente argumentar que, nos anos 1920, o que o leitor comum de Gibran achava exótico nele era o modo como descrevia com nitidez uma região que a maioria considerava um enigma. Quase cem anos depois, compreender o enigma que é o Oriente Médio — especialmente no que se refere aos relacionamentos humanos e ao tratamento do "outro" — passou de um problema filosófico a uma questão prática de sobrevivência cotidiana.

Este livro reúne as palavras de Gibran sobre amor e relacionamentos, enquanto o primeiro da série reuniu seus escritos sobre a vida e a natureza.

À primeira vista, Gibran pode parecer um romântico, um poeta do amor idealizado. No entanto, ele não era sentimentalista. Por meio de experiência própria, ele entendeu o lado mais sombrio dos relacionamentos — saudade, tristeza, perda, luxúria e paixão — e seu valor como ferramenta na jornada da alma ao longo da vida. Em vez de adotar um amor platônico "além da carne", nem a alma nem o corpo recebem tratamento preferencial em seus escritos.

Há várias influências neste livro. Primeiro, os relacionamentos amorosos de Gibran foram tensos durante sua curta vida. Como seus vários biógrafos relatam, nenhum testemunho pessoal, especialmente o dele mesmo, pode ser considerado como "o que aconteceu". Mesmo nos relatos de Gibran sobre seu primeiro amor no livro *Asas partidas*, encontramos longos diálogos ou monólogos que forçam a credibilidade em termos do que poderíamos chamar de relato factual. Em sua defesa, poderíamos dizer que Gibran sabia que as pessoas podem ter lembranças muito diferentes de incidentes ou conversas importantes, especialmente quando se trata de amor. Esses eventos causam um impacto emocional na memória que nos influencia de maneiras que muitas vezes só conseguimos explicar mais tarde, ou nunca.

Segundo, o idioma e a cultura médio-orientais de Gibran oferecem visões do amor cheias de nuances, que revelam o pequeno espaço emocional dentro do qual nós nos retratamos por meio do conteúdo hipersexualizado encontrado hoje na internet, em filmes populares e em propagandas.

Como muitos idiomas, a língua materna árabe de Gibran tem várias palavras diferentes que podem ser traduzidas literalmente como "amor".

Uma diz respeito ao desejo e à paixão do amor (a palavra *ishq*), que poderíamos descrever como o magnetismo que une os indivíduos (como a força da gravidade) e liga uns aos outros como cola. Essa "cola do universo" opera acima, abaixo e além de nossas intenções lógicas e humanas. A frase "Não pude evitar" é apropriada aqui. O Cântico dos Cânticos nas escrituras judaicas descreve primorosamente, em hebraico, essa força de paixão ardente entre dois amantes. Ao mesmo tempo, alguns dos primeiros poetas sufis associam essa força implacável de amor e paixão ao próprio Deus, ou à Realidade.

Outra antiga palavra semítica para amor (*ahaba* em hebraico, *ahebw* no aramaico de Jesus, *muhabbah* em árabe) diz respeito às variedades do relacionamento humano, que emergem como uma semente de respeito ou tolerância, e então brotam como amizade e florescem como o íntimo e duradouro amor. Outra imagem apresentada pelas raízes dos idiomas mostra uma pequena chama de gravetos que gradualmente se torna uma grande fogueira, boa para cozinhar e para se aquecer.

Ainda, outra palavra para amor (*rahm* em hebraico, *rahme* em aramaico, *rahman* e *rahim* em árabe) deriva de *ventre*. As raízes da palavra implicam que o nascimento físico se origina como um brilho que vem de dentro. Esse mesmo brilho criativo se desenvolve no que chamamos de compaixão, misericórdia ou amor incondicional.

A palavra para "coração" é similarmente muito antiga em nossa cultura. *Leba*, em hebraico, e *lebha*, em aramaico, mostram uma força criativa que é a essência ou centro de nossa vida. As palavras árabes *lubb* e *qalb* derivam dessas anteriores, e a última revela que o coração pode ter uma superfície mutável, bem como uma profundidade estável. Enquanto hoje valorizamos o cérebro como o órgão essencial da consciência, os antigos do Oriente Médio valorizavam muito mais o coração. Talvez seja por isso que os antigos egípcios preservavam o coração físico de seus reis após a mumificação e jogavam fora o cérebro. Acreditavam que os faraós precisariam do coração na vida após a morte, mas não do cérebro.

Como destaquei em *O pequeno livro da vida*, a poesia e a narrativa sufis tiveram uma grande influência sobre Gibran. Veja, por exemplo, uma de suas frases sobre o amor, do livro *Areia e espuma*:

> *O amor é o véu entre os amantes.*

Agora, compare-a com outra do século XIII do poeta sufi Jalaladdin Rumi:

> *A pessoa amada é tudo em tudo,*
> *o amante somente um véu sobre ela.*

A ideia de amor revelado e velado, de uma verdadeira casa de espelhos que influencia nossos relacionamentos, foi explorada desde muito cedo na poesia sufi, mas só recentemente articulada na linguagem psicológica ocidental de projeção e transferência. Mais uma vez, diz Gibran:

> *Os amantes abraçam o que*
> *existe entre eles,*
> *e não um ao outro.*

Ao mesmo tempo, Gibran mostra de uma forma muito bela a visão médio-oriental de que o amor, expresso em prazer ou dor, em um abraço apaixonado ou em intenso desejo não realizado, pode levar alguém a um senso de vida muito maior. Esta coleção se baseia no incrível último livro de Gibran sobre Jesus, intitulado *Jesus, filho do homem*. De um jeito muito moderno, Gibran conta a história do profeta do ponto de vista de muitas pessoas diferentes que o conheciam, algumas mencionadas na

Bíblia, outras não. Neste pequeno livro sobre o amor, ouvimos várias vezes Maria Madalena, Salomé (que dançou para o rei Herodes e, a seguir, exigiu a cabeça de João Batista), um vizinho da mãe de Jesus, a mãe de Judas e os apóstolos Pedro e João.

Como destaquei em *O pequeno livro da vida*, Gibran foi criado como cristão maronita, uma Igreja oriental aliada à Igreja Católica Romana, mas que até o século XVIII falava e usava na liturgia a língua siríaca, derivada do aramaico nativo de Jesus. As igrejas de língua aramaica historicamente viam Jesus, o profeta de Nazaré, como um ser humano, um "filho" — com "f" minúsculo — de Deus, que apenas cumpriu seu destino e expressou a vida divina de um modo aberto a todos nós. Nesse sentido, todos nós podemos nos tornar "filhos" de Deus, isto é, da "Unidade Sagrada" (tradução literal da palavra *Alaha*, Deus em aramaico).

De acordo com isso, no final de *Jesus, filho do homem*, Gibran afirma que Maria Madalena disse:

Há um abismo que boceja entre aqueles que o amam e aqueles que o odeiam, entre aqueles que acreditam e aqueles que não acreditam.

Mas, quando os anos houverem passado sobre o abismo, saberás que aquele que viveu em nós é imortal, que ele era o filho de Deus assim como nós somos filhos de Deus. Que ele nasceu de uma virgem, assim como nós nascemos da terra que não tem esposo.

No entanto, ao escrever sobre o amor, Gibran rompe as fronteiras da religião convencional de todas as maneiras. Em uma de suas obras mais ousadas, um ciclo poético intitulado *Os deuses da Terra*, ele conta que os antigos deuses da Terra lamentam a previsibilidade da vida e sua rotina entediante. Estão quase deprimidos quando um deles nota amantes cantando e dançando, depois se abraçando e fazendo amor no meio da floresta. Isso muda tudo, e os antigos deuses ficam simultaneamente desconcertados e emocionados com o poder imprevisível da paixão. Eu incluí as partes dessa obra que falam sobre o amor, mas o poema inteiro merece a atenção do leitor.

Em todos os seus escritos, é visível o amor do autor por sua terra natal e sua gente. Quando ele deixou o Líbano com sua família, em 1895, o país ainda fazia parte do império otomano. Gibran se via culturalmente como "sírio" (os Estados da Síria e do Líbano não existiam antes da Primeira Guerra Mundial), e durante sua vida trabalhou pela libertação de seu povo de regimes opressivos. Ficou desapontado pela forma como foram traídos quando as potências ocidentais dividiram o Oriente Médio em vários países e esferas de influência após a guerra. Tomou essa traição em nível pessoal, como a traição de uma amizade. Em seu ensaio "A voz de um poeta", do livro *Uma lágrima e um sorriso*, ele lamenta:

> *Vocês são meus irmãos e minhas irmãs, mas por que estão brigando comigo? Por que invadem meu país e tentam me subjugar para agradar àqueles que estão buscando glória e autoridade?*

Eu incluí alguns excertos desse ensaio e convido o leitor a ouvir a voz de Gibran tendo em mente as atuais situações conflitantes no Oriente Médio.

Quanto à edição atual, é evidente que Gibran recebeu ajuda de várias pessoas com a gramática e a pontuação, particularmente de sua grande musa Mary Haskell. A maneira como lemos mudou nos últimos cem anos, e o mesmo aconteceu com a gramática, de modo que eu reeditei ou realinhei muitos textos para mostrar ao leitor moderno o ritmo da voz de Gibran.

Ao selecionar o material para este livro, coloquei provérbios bem conhecidos de Gibran ao lado de outros menos famosos, organizados segundo as diversas faces e fases do amor que seus escritos descrevem. Começamos com a iniciação do amor — beleza, paixão e desejo. A seguir, vêm as muitas complexidades e desafios do amor, seus véus. Depois, exploramos as variedades dos relacionamentos humanos, nos quais o amor brinca de esconde-esconde conosco. Por fim, somos levados mais adiante na jornada do amor, que aponta para além de nossa expectativa de vida humana.

Como insiste Rumi:

Se amares Deus ou amares um ser humano,
se amares o suficiente, estarás na presença do Amor em si.

E como diz Gibran melancolicamente no final de *O profeta*:

Em breve,
meu anseio recolherá
poeira e espuma
para outro corpo.

Em breve,
um momento de descanso
sobre o vento
e outra mulher me dará à luz.

Neil Douglas-Klotz
Fife, Escócia, outubro de 2017.

1

A iniciação do amor

A primavera do amor nos apresenta a beleza,
o desejo e a paixão. Qual é o papel da
"fumaça" do amor em relação
a seu fogo duradouro?

A PRIMAVERA DO AMOR

Vem, meu amor,
caminhemos entre as colinas.
Porque a neve é água
e a vida reviveu de seu descanso
e vaga por colinas e vales.

Sigamos as pegadas da primavera
nos campos distantes,
e subamos aos topos das colinas para provocar inspiração
bem alto, sobre as frias planícies verdes.

A aurora da primavera desdobrou
suas vestes de inverno e as pousou
sobre o pessegueiro e as árvores cítricas.
E elas parecem noivas
na tradição cerimonial da Noite de Kedre.*

---

* Também chamada *Laylat-al Qadr*, "noite do poder", "noite do decreto" ou "noite do destino". Nas tradições islâmicas, essa foi a noite em que o Profeta Maomé recebeu o Alcorão, em um dos últimos cinco dias do mês de Ramadã. Diz-se que essa noite guarda bênçãos especiais e, no Líbano, já foi considerado um momento auspicioso para um casamento.

Os ramos da videira
se abraçam como enamorados,
e os riachos explodem
e dançam entre as rochas,
repetindo a canção da alegria.
As flores brotam de repente
do coração da natureza,
como espuma do rico coração do mar.

Vem, meu amor,
bebamos as últimas lágrimas do inverno
das conchas dos lírios
e acalmemos nosso espírito
com a chuva de notas dos pássaros,
vagando em júbilo
pela brisa inebriante.

Sentemo-nos naquela pedra onde violetas se escondem.
Busquemos para nós a sua troca
da doçura dos beijos.

Beleza no coração

Existem apenas dois elementos aqui,
beleza e verdade —
beleza no coração dos amantes,
e verdade nos braços
dos lavradores do solo.

A grande beleza me captura,
mas uma beleza ainda maior me liberta,
até mesmo de si mesma.

A beleza brilha mais
no coração daqueles que anseiam por ela
do que nos olhos de quem a vê.

Primeiro amor

Eu tinha 18 anos quando o amor abriu meus olhos com seus raios mágicos e tocou meu espírito pela primeira vez com seus dedos ardentes. E Selma Karamy foi a primeira mulher que despertou meu espírito com sua beleza e me levou ao jardim de alta afeição, no qual os dias passam como sonhos e noites como festas de casamento.

Selma Karamy foi quem me ensinou a adorar a beleza com o exemplo de seu próprio encanto, e me revelou o segredo do amor com sua afeição. Foi ela quem primeiro cantou para mim a poesia da vida real.

Todo jovem se lembra de seu primeiro amor e tenta recuperar aquela hora curiosa, cuja lembrança muda seu sentimento mais profundo e o deixa tão feliz, apesar de todo o amargor de seu mistério.

Na vida de todo jovem há uma "Selma", que surge para ele de repente na primavera da vida, transforma sua solidão em momentos felizes e preenche o silêncio de suas noites com música.

Eu estava profundamente absorto em pensamentos e contemplação, procurando entender o significado da natureza e a revelação de livros e escrituras, quando ouvi o AMOR sussurrar em meus ouvidos por meio dos lábios de Selma. Minha vida estava em coma. Vazia, como a de Adão no Paraíso. E então vi Selma parada diante de mim, como se fosse um facho de luz. Ela era a Eva de meu coração. Ela o encheu de segredos e maravilhas e me fez entender o sentido da vida.

A primeira Eva, por sua própria vontade, levou Adão para fora do Paraíso, ao passo que Selma me fez entrar de boa vontade no paraíso de amor puro e virtude com sua doçura e carinho. Mas o que aconteceu com o primeiro homem também aconteceu comigo, e a palavra ardente que expulsou Adão do Paraíso foi como aquela que me assustou com seu gume brilhante e me forçou a sair do paraíso de meu amor sem ter desobedecido a qualquer ordem nem provado o fruto da árvore proibida.

Hoje, depois de muitos anos, nada sobrou desse lindo sonho, exceto lembranças dolorosas agitando-se como asas invisíveis a meu redor, enchendo de tristeza as profundezas de meu coração e fazendo brotar lágrimas em meus olhos.

E minha amada e linda Selma está morta. E nada resta para celebrá-la, exceto meu coração partido e um túmulo cercado de ciprestes. Aquele túmulo e este coração são tudo que resta para dar o testemunho de Selma.

O silêncio que guarda o túmulo não revela o segredo de Deus que jaz na escuridão do caixão. E o farfalhar dos galhos, cujas raízes sugam os elementos do corpo, não contam os mistérios da sepultura. Mas os agonizantes suspiros de meu coração anunciam aos vivos o drama que representaram o amor, a beleza e a morte.

Ó, amigos de minha juventude que estão espalhados pela cidade de Beirute! Quando passarem pelo cemitério perto do bosque de pinheiros, entrem silenciosamente e andem devagar para que o som de seus pés não perturbe o sono dos mortos. Parem humildemente diante do túmulo de Selma e saúdem a terra que envolve seu cadáver, mencionem meu nome com um profundo suspiro e digam a si mesmos: "Aqui, todas as esperanças de Gibran, que é prisioneiro do amor além dos mares, foram enterradas. Aqui, ele perdeu sua felicidade, drenou suas lágrimas e esqueceu seu sorriso."

"Ao lado deste túmulo cresce a tristeza de Gibran junto com os ciprestes. E acima da tumba seu espírito cintila todas as noites celebrando Selma, reunindo os galhos das árvores em pranto pesaroso, chorando e lamentando a partida da amada, que ontem era uma linda melodia nos lábios da vida e hoje é um segredo silencioso no peito da Terra."

Ó, camaradas de minha juventude! Apelo a vocês, em nome das donzelas que seus corações amaram, que coloquem uma coroa de flores na tumba do meu amor.

Pois as flores que colocam no túmulo de Selma são como gotas de orvalho caindo dos olhos do amanhecer nas folhas de uma rosa murcha.

Desejo errante

Quando eras um desejo errante na névoa,
eu também estava lá, um desejo errante.

Então, nós nos procuramos,
e de nossa ânsia
nasceram os sonhos.

E os sonhos tinham tempo ilimitado,
e os sonhos eram espaço sem medida.

E quando eras uma palavra silenciosa
sobre os lábios trêmulos da vida,
Eu também estava lá, outra palavra silenciosa.

Então, a vida nos proferiu, e
nós diminuímos através dos anos,
pulsando com as memórias de ontem
e anseios de amanhã.

Pois ontem foi a morte conquistada,
e amanhã, o nascimento buscado.

Cantando o coração

Nossa mente é uma esponja.
Nosso coração é um córrego.

Quando a Vida não encontra
um cantor para cantar seu coração,
ela produz um filósofo
para dizer o que pensa.

Beleza e amor

A beleza tem sua própria linguagem celestial, mais elevada que as vozes de línguas e lábios. É uma linguagem sem tempo, comum a toda a humanidade, um lago calmo que atrai os riachos cantantes a suas profundezas e os faz silenciosos.

Somente nosso espírito pode entender a beleza, ou viver e crescer com ela. Ela confunde nossa mente. Somos incapazes de descrevê-la em palavras. É uma sensação que nossos olhos não podem ver, derivada tanto daquele que observa quanto daquele que é observado.

A verdadeira beleza é um raio que emana do santo dos santos do espírito e ilumina o corpo, assim como a vida vem das profundezas da terra e dá cor e perfume a uma flor.

Por acaso meu espírito e o de Selma se aproximaram um do outro naquele dia em que nos conhecemos, e isso me fez vê-la como a mulher mais bonita sob o sol? Ou eu estava intoxicado com o vinho da juventude, o que me fez gostar de algo que nunca existiu?

Por acaso minha juventude cegou meus olhos naturais e me fez imaginar o brilho em seu olhar, a doçura em sua boca e a graça em seu corpo? Ou será que o brilho, a doçura e a graça abriram meus olhos e me mostraram a felicidade e a tristeza do amor?

É difícil responder a essas perguntas. Mas digo sinceramente que naquela hora senti uma emoção que nunca sentira antes, um novo afeto repousando calmamente em meu coração, como o espírito pairando sobre as águas na criação do mundo. E desse afeto nasceu minha felicidade e minha tristeza.

Assim terminou a hora de meu primeiro encontro com Selma. E assim a vontade do céu me libertou da servidão da juventude e da solidão e me deixou seguir a procissão do amor.

Se tens desejos...

O amor não tem outro desejo senão se realizar.

Mas se amas e tens desejos,
que estes sejam teus desejos:

Derreter e ser como um riacho que corre
e que canta sua melodia para a noite.

Conhecer a dor de muita ternura.
Ser ferido por sua própria compreensão
    do amor
e sangrar de boa vontade e com alegria.

Acordar ao amanhecer com um coração alado
e agradecer por mais um dia de amor.
Descansar ao meio-dia e meditar no êxtase
    do amor.

Voltar para casa ao anoitecer com gratidão,
e, depois, dormir com uma oração
para a pessoa amada em seu coração
e uma canção de louvor em seus lábios.

Descrevendo o primeiro amor

Uma mulher que a providência agraciou com a beleza do espírito e do corpo é uma verdade ao mesmo tempo explícita e secreta. Só podemos entender essa verdade por meio do amor, e tocá-la apenas por meio da virtude. E quando tentamos descrever essa mulher, ela desaparece como vapor.

Selma Karamy tinha beleza corporal e espiritual. Mas como posso descrevê-la para alguém que nunca a conheceu?

Pode um homem morto se lembrar do canto de um rouxinol, da fragrância de uma rosa e do suspiro de um riacho?

Pode um prisioneiro carregado de algemas seguir a brisa da aurora?

Acaso o silêncio não é mais doloroso que a morte?

Acaso o orgulho me impede de descrever Selma em palavras simples, uma vez que não posso desenhá-la de verdade com cores luminosas?

Um homem faminto num deserto não se recusará a comer pão seco, mesmo que o céu não o cubra com maná e codornas.

Identidade trocada

Um dia, a Beleza e a Feiura se encontraram à beira do mar. E disseram uma à outra:
— Vamos nos banhar.
Então, despiram-se e nadaram nas águas. E depois de um tempo, a Feiura voltou à praia, vestiu as roupas da Beleza e foi embora.
E a Beleza também saiu do mar e não encontrou suas vestes. E era tímida demais para ficar nua, de modo que vestiu as roupas da Feiura, e seguiu seu caminho.
E até hoje, homens e mulheres tomam uma pela outra.
No entanto, alguns já contemplaram a face da Beleza e a reconheceram, apesar de suas vestes. E há alguns que conhecem a face da Feiura, e o pano não a esconde de seus olhos.

Amor de verão

Vamos para os campos, minha amada.
Pois o tempo da colheita se aproxima
e os olhos do sol amadurecem o grão.

Cuidemos do fruto da terra,
como o espírito nutre
os grãos de alegria
das sementes do amor
semeadas profundamente em nosso coração.

Enchamos nossas cestas
com os produtos da natureza,
como a vida preenche com tanta abundância
o domínio de nosso coração
com sua infinita generosidade.

Façamos das flores nosso leito
e do céu nosso cobertor,
e descansemos nossas cabeças juntas
em travesseiros de feno macio.

Relaxemos depois da labuta do dia
e ouçamos o murmúrio provocante
do riacho.

Ó, AMOR

Dizem que o chacal e a toupeira
bebem do mesmo córrego
onde o leão vem beber.

E dizem que a águia e o abutre
enfiam seu bico na mesma carcaça
e estão em paz, um com o outro,
na presença do morto.

Ó, amor, cuja mão senhoril
refreou meus desejos,
e despertou minha fome e minha sede
de dignidade e orgulho,
não deixa o forte e constante em mim
comer o pão ou beber o vinho
que tentam meu eu mais fraco.

Deixa-me morrer de fome
e deixa meu coração ressecar de sede.
E deixa-me morrer e perecer

antes que eu estenda minha mão
para um copo que tu não encheste
ou uma tigela que não abençoaste.

O desejo é metade

O desejo é metade da vida.
A indiferença é a metade da morte.

Entre o desejo e a paz

Dizem-me: "Deves escolher entre os prazeres deste mundo e a paz do outro."

E eu lhes digo: "Eu escolhi as delícias deste mundo e a paz do próximo. Pois, em meu coração, sei que o Supremo Poeta escreveu apenas um poema, que escande perfeitamente, e também rima perfeitamente."

A fé é um oásis no coração
que nunca será alcançado
pela caravana do pensamento.

Quando atingires tua altura,
Desejarás apenas desejo.
E terás fome apenas de fome.
E terás sede apenas de sede maior.

Deus se move na paixão

Sua razão e sua paixão são o leme e as velas de sua alma navegante.

Se suas velas ou seu leme estiverem quebrados, você pode ficar à deriva, ou permanecer ancorado no meio do mar.

Pois a razão navegando sozinha é uma força confinante. E a paixão desacompanhada é uma chama que queima até a própria destruição.

Portanto, deixe sua alma exaltar sua razão até o ápice da paixão que ela possa cantar.

E deixe-a dirigir sua paixão com razão, que sua paixão possa viver através de sua própria ressurreição diária, e, como a fênix, elevar-se acima de suas próprias cinzas.

Gostaria que você avaliasse seu julgamento e seu apetite, assim como faria com dois queridos convidados em sua casa.

Sem dúvida, você não honraria um convidado mais que o outro. Pois aquele que é mais cuidadoso com um, perde o amor e a fé de ambos.

Entre as colinas, quando se sentar à sombra fresca dos álamos brancos compartilhando a paz e a serenidade de campos e prados distantes, deixe seu coração dizer em silêncio: "Deus descansa na razão."

E quando a tempestade chegar, e o vento poderoso sacudir a floresta, e o trovão e a luz proclamarem a majestade do céu, deixe seu coração dizer com admiração: "Deus se move na paixão."

E sendo você um sopro na esfera de Deus, e uma folha em Sua floresta, também deve descansar na razão e se mover na paixão.

Vozes em êxtase

[Os antigos Deuses da Terra, cansados e deprimidos, conversam entre si sobre o propósito da vida — ou a falta de um propósito —, até que um deles nota...]

Um jovem no vale longínquo
canta seu coração para a noite.
Sua lira é ouro e ébano.
Sua voz é de prata e de ouro.

No bosque de mirtilos
uma garota dança para a lua,
há mil estrelas de orvalho em seus cabelos,
e mil asas sobre seus pés.

A garota encontrou o cantor!
Ela vê seu rosto extasiado.
Como uma pantera, ela desliza com passos sutis
por entre as videiras e samambaias.

E agora, em meio a seus gritos ardentes,
ele olha para ela.

Ó, meus irmãos, meus irmãos descuidados!
Foi outro deus em paixão
que teceu esta teia de escarlate e branco?
Que estrela desembestada se perdeu?
De quem é o segredo que a noite guarda da manhã
e cuja mão está sobre nosso mundo?

Eles se encontram,
Dois espíritos enlaçados nas estrelas
no céu se encontram.

Em silêncio, olham
um para o outro.
Ele não canta mais,
e, ainda assim, sua garganta queimada de sol
pulsa com a canção
E nos membros dela
fica a dança feliz,
mas não adormecida.

Irmãos, meus irmãos estrangeiros!
A noite se aprofunda,
e mais brilhante é a lua,
e entre o prado e o mar
uma voz em êxtase nos chama.

Seu corpo é a harpa de sua alma

Mas, diga-me, quem é que pode ofender o espírito?
Pode o rouxinol ofender a quietude da noite, ou o vaga-lume as estrelas?
E sua chama ou fumaça sobrecarregarão o vento?
Acha que o espírito é um lago parado que você pode incomodar com um graveto?
Muitas vezes, ao se negar o prazer, você só armazena o desejo nas reentrâncias de seu ser.
Quem sabe se o que parece omisso hoje apenas espera pelo amanhã?
Seu corpo também conhece a própria herança e necessidade legítima, e não será enganado.
E seu corpo é a harpa de sua alma.
Ele é seu, para gerar doce música ou sons confusos.
E agora, em seu coração, você pergunta: "Como distinguiremos o que é bom no prazer daquilo que não é?"
Vá para seus campos e jardins e você aprenderá que é o prazer da abelha colhendo néctar da flor.
Mas é também o prazer da flor de entregar seu néctar à abelha.

Pois para a abelha, uma flor é uma fonte de vida, e para a flor, uma abelha é uma mensageira do amor.

E tanto para a abelha quanto para a flor, o prazer de dar e receber é uma necessidade e um êxtase.

Se seu coração é um vulcão

Se seu coração é um vulcão,
como espera que as flores
desabrochem em suas mãos?

Eu sou a chama
e sou o mato seco.
E uma parte de mim
consome a outra parte.

O AMOR ATRAVESSANDO A IDADE

O jovem poeta disse à princesa:

— Eu te amo.

E a princesa respondeu:

— Eu também te amo, meu filho.

— Mas eu não sou teu filho. Eu sou um homem, e te amo.

E ela disse:

— Eu sou a mãe de filhos e filhas, e eles são pais e mães de filhos e filhas. E um dos filhos dos meus filhos é mais velho que ti.

E o jovem poeta disse:

— Mas eu te amo.

Não demorou muito e a princesa morreu. Mas, antes que seu último suspiro fosse recebido de volta pelo sopro maior de terra, ela disse dentro de sua alma:

— Meu amado, meu único filho, meu jovem poeta, pode ser que um dia nos encontremos de novo, e eu não terei 70 anos.

Um desejo não realizado

Salomé fala sobre Jesus com uma amiga:

Ele era como álamos
brilhando ao sol.
E como um lago entre as colinas solitárias,
brilhando ao sol.
E como a neve nas alturas das montanhas —
branca, branca ao sol.

Sim, ele era tudo isso,
e eu o amava.

No entanto, temia sua presença,
e meus pés não suportavam
o fardo do amor
com o qual eu poderia cingir seus pés
com meus braços.

Eu lhe teria dito,
"Eu matei teu amigo em um momento de paixão.
Vais perdoar meu pecado?
E não vais, em misericórdia, libertar minha juventude
de sua ação cega
para que ela possa andar em tua luz?"

Eu sei que ele teria
perdoado minha dança
pela santa cabeça de seu amigo.
Eu sei que ele teria visto em mim
um objeto de seus próprios ensinamentos.

Pois não havia vale de fome
sobre o qual ele não pudesse se estender,
e nenhum deserto de sede
que ele não pudesse atravessar.

Sim, ele era como os álamos,
e como os lagos entre as montanhas,
e como a neve sobre o Líbano.

E eu teria esfriado meus lábios
nas dobras de suas vestes.

Mas ele estava longe de mim,
e eu me envergonhava.
E minha mãe me segurou
quando o desejo de ir buscá-lo me dominou.

Sempre que ele passava,
meu coração doía por sua amabilidade,
mas minha mãe franzia a testa para ele com desprezo
e me apressava para sair da janela
e ir para meu quarto.

E ela gritava alto, dizendo:
"Quem é ele senão outro comedor de gafanhotos do
    deserto?
O que ele é senão um zombador e um renegado,
um rebelde sedicioso
que nos roubaria cetro e coroa,
e mandaria as raposas e chacais de sua
    terra amaldiçoada
para uivar em nossos salões e sentar em nosso trono?
Esconde teu rosto a partir deste dia,
E espera o dia em que a cabeça dele
    cairá,
mas não em teu prato."

Essas coisas disse minha mãe.
Mas meu coração não guardou suas palavras.

Eu o amava em segredo,
e meu sono foi
queimado pelas chamas.

Ele se foi agora.
E algo
que havia em mim
também partiu.

Talvez tenha sido minha juventude
que não tardaria aqui
desde que o deus da juventude foi morto.

Uma paixão não consumida

Na cidade de Shawakis vivia um príncipe e ele era amado por todos — homens, mulheres e crianças. Até os animais do campo iam saudá-lo.

Mas todos diziam que sua esposa, a princesa, não o amava. Não, diziam que ela o odiava.

E, um dia, a princesa de uma cidade vizinha foi visitar a princesa de Shawakis. E elas se sentaram para conversar, e suas palavras derivaram para seus maridos.

E a princesa anfitriã disse com paixão:

— Eu invejo sua felicidade com o príncipe, seu marido, mesmo tendo se casado há muitos anos. Eu odeio meu marido. Ele não pertence só a mim, e sou, de fato, uma mulher muito infeliz.

Então, a princesa visitante a olhou e disse:

— Minha amiga, a verdade é que você ama seu marido. Sim, e você ainda tem por ele uma paixão não consumida. E isso é vida em uma mulher, como a primavera em um jardim. Mas tenha pena de mim e de meu marido, pois só nos suportamos em silente paciência. E ainda assim, você e outros consideram isso felicidade.

Todas as estrelas de minha noite se desvaneceram

Maria Madalena fala de quando viu Jesus pela primeira vez:

Foi no mês de junho que o vi pela primeira vez. Ele caminhava sozinho no campo de trigo quando passei com minhas servas.

O ritmo de seus passos era diferente do de outros homens, e o movimento de seu corpo era diferente de tudo que eu já houvesse visto.

Os homens não caminham sobre a terra dessa maneira. E ainda hoje, não sei se ele andava rápido ou devagar.

Minhas servas apontaram seus dedos para ele e sussurraram, tímidas, entre si. E eu parei por um momento e ergui a mão para saudá-lo. Mas ele não virou o rosto, e não olhou para mim. E eu o odiei. Fui arrastada de volta para dentro de mim, e estava gelada como se houvesse estado em um monte de neve. E eu tremi.

Naquela noite, eu o vi em meus sonhos. E disseram-me depois que gritei dormindo e estava inquieta na cama.

Foi no mês de agosto que o vi de novo pela janela. Ele estava sentado à sombra do cipreste em frente a meu jardim, e estava imóvel como se houvesse sido esculpido em pedra, como as estátuas da Antioquia e outras cidades do Norte.

E minha serva, a egípcia, veio até mim e disse:

— Aquele homem está aqui de novo. Ele está sentado em teu jardim.

E eu olhei para ele, e minha alma estremeceu dentro de mim, porque ele era lindo. Seu corpo era simples, e cada parte parecia amar todas as outras partes.

Então, eu vesti roupas de Damasco, saí de casa e caminhei em sua direção.

Foi minha solidão ou sua fragrância que me atraiu para ele? Era uma fome em meus olhos que desejava a beleza, ou era sua beleza que buscava a luz dos meus olhos?

Ainda hoje não sei.

Caminhei até ele com minhas vestes perfumadas e minhas sandálias douradas — as sandálias que o capitão romano me havia dado.

E quando cheguei a ele, disse:
— Bom dia para ti.
E ele disse:
— Bom dia para ti, Miriam.

E ele olhou para mim, e seus olhos noturnos me viram como nenhum homem já me havia visto. E, de repente, era como se eu estivesse nua, e fiquei encabulada.

No entanto, ele apenas dissera "Bom dia para ti".
E então, eu disse a ele:
— Não virás a minha casa?
E ele disse:
— Já não estou em tua casa?
Eu não sabia o que ele queria dizer, mas agora sei.
E eu disse:
— Não tomarás vinho e comerás pão comigo?
E ele disse:
— Sim, Miriam, mas não agora.

Não agora, não agora, ele disse. E a voz do mar estava naquelas duas palavras, e a voz do vento e das árvores. E quando as pronunciou, a vida falou com a morte.

Pois, imagine, minha amiga, eu estava morta. Eu era uma mulher divorciada da própria alma. Eu vivia separada desse eu que vês agora. Eu pertencia a todos os homens e a nenhum. Chamavam-me de prostituta e possuída por sete demônios. Eu fui amaldiçoada, e era cobiçada.

Mas, quando seus olhos de alvorecer olharam em meus olhos, todas as estrelas de minha noite se desvaneceram e eu me tornei Miriam, apenas Miriam, uma mulher perdida na terra que conhecera, encontrando-se em novos lugares.

E agora, de novo, eu disse a ele:
— Entra em minha casa e compartilha o pão e o vinho comigo.
E ele disse:

— Por que me ofereces ser teu hóspede?

E eu disse:

— Eu te imploro que entres em minha casa.

E tudo que era terra em mim, e tudo que era céu em mim, chamava-o.

Então, ele olhou para mim, e o meio-dia de seus olhos estava em mim, e ele disse:

— Tens muitos amantes e, ainda assim, só eu te amo. Outros homens amam a si mesmos em ti. Eu amo a ti em ti mesma. Outros homens veem uma beleza em ti que desaparecerá mais cedo que seus próprios anos. Mas eu vejo em ti uma beleza que não se desvanecerá. E no outono de teus dias essa beleza não terá medo de se olhar no espelho, e não será ofendida. Só eu amo o invisível em ti.

Então, ele continuou, em voz baixa:

— Vai agora. Se este cipreste é teu e não queres que eu fique sentado a sua sombra, eu seguirei meu caminho.

E eu clamei e disse:

— Mestre, vem a minha casa! Eu tenho incenso para queimar por ti e uma bacia de prata para teus pés. És um estranho e, mesmo assim, não és estranho. Eu te imploro, vem a minha casa!

Então, ele se levantou e olhou para mim, como as estações poderiam olhar para o campo, e sorriu. E ele disse de novo:

— Todos os homens te amam por si mesmos. Eu te amo por ti mesma.

E então ele partiu.

Mas nenhum outro homem andou pelo caminho que ele trilhou. Foi um sopro nascido em meu jardim que foi para o leste? Ou foi uma tempestade que abalaria as fundações de todas as coisas?

Eu não sabia, mas, naquele dia, o pôr do sol de seus olhos matou o dragão em mim e eu me tornei uma mulher. Eu me tornei Miriam, Miriam de Mijdel.

2

Os véus do amor

À medida que o amor amadurece, somos desafiados
por nossa cultura circundante, bem como pelas
suposições e ilusões que mantemos. As lágrimas
vêm com despedida, solidão e saudade.
Por meio de todas essas experiências,
o amor se oculta e se revela.

Presentes do amor

O amor me proporcionou
uma língua e lágrimas.

O CORAÇÃO ENJAULADO

Ali, no meio do campo, ao lado de um riacho cristalino, vi uma gaiola cujas grades e dobradiças eram moldadas pelas mãos de um perito. Em um canto havia um pássaro morto, e no outro, duas vasilhas — uma de água, que estava vazia, e outra de sementes.

Fiquei parado, reverente, como se o pássaro sem vida e o murmúrio da água fossem dignos de profundo silêncio e respeito — algo digno de exame e meditação pelo coração e pela consciência.

Enquanto a visão e o pensamento me absorviam, descobri que a pobre criatura havia morrido de sede ao lado de um curso d'água e de fome no meio de um campo rico, um berço de vida. Era como um homem rico trancado dentro de seu cofre de ferro, perecendo de fome no meio de montes de ouro.

Diante de meus olhos, vi a gaiola repentinamente se transformar em um esqueleto humano, e o pássaro morto, em um coração humano, que sangrava de uma ferida profunda, parecida com os lábios de uma mulher triste.

Uma voz saiu daquela ferida e disse:

— Eu sou o coração humano. prisioneiro da substância e vítima das leis terrenas. No campo de beleza de Deus, à beira do fluxo da vida, fui aprisionado na jaula das leis feitas pela humanidade. No centro da bela criação, morri negligenciado, porque fui impedido de desfrutar da liberdade que a generosidade de Deus traz. Tudo de beleza que desperta meu amor e desejo é uma vergonha, segundo as concepções humanas. Tudo de bondade que eu anseio não é mais que nada, segundo esse julgamento. Eu sou o coração humano perdido, aprisionado na imundície dos ditames humanos, atado com correntes de autoridade terrena, morto e esquecido pela humanidade que ri, cuja língua está amarrada e cujos olhos estão vazios de lágrimas visíveis.

Todas essas palavras eu ouvi, e as vi emergindo junto com um fluxo de sangue cada vez mais ralo daquele coração ferido.

Mais foi dito, mas meus olhos embaçados e minha alma chorosa impediram-me a visão e a audição.

Amor *versus* lei

As pessoas que retornam à eternidade antes de saborear a doçura da vida real são incapazes de compreender o significado do sofrimento de uma mulher.

Especialmente quando dedica sua alma a um homem que ela ama pela vontade de Deus, e seu corpo a outro a quem acaricia forçada pela lei terrena.

Três pessoas separadas

Três pessoas eram separadas em pensamento, mas unidas em amor; três pessoas inocentes com muito sentimento, mas pouco conhecimento.

Um drama estava sendo representado por um idoso que amava sua filha e cuidava de sua felicidade; uma jovem de 20 anos olhando para o futuro com ansiedade; e um jovem, sonhador e preocupado, que não provara nem o vinho da vida nem seu vinagre, e tentava alcançar a altura do amor e do conhecimento, mas não conseguia se erguer.

Nós três, sentados ao crepúsculo, comíamos e bebíamos naquela casa solitária, vigiados pelos olhos do céu; mas, no fundo de nossos copos, havia amargura e angústia ocultas.

O QUE OS AMANTES ABRAÇAM

Os amantes abraçam o que
existe entre eles
e não um ao outro.

Dois tipos de amor

Havia um homem e uma mulher sentados perto de uma janela que se abria para a primavera. Estavam perto um do outro.

E a mulher disse:

— Eu te amo. Tu és bonito, e rico, e estás sempre bem-vestido.

E o homem disse:

— Eu te amo. Tu és um lindo pensamento, uma coisa distante demais para segurar com as mãos, e uma canção em meus sonhos.

Mas a mulher se afastou dele com raiva e disse:

— Senhor, por favor, deixa-me agora. Eu não sou um pensamento, e não sou uma coisa que passa por teus sonhos. Eu sou uma mulher. Gostaria que me desejasses, como a uma esposa e a mãe de filhos que ainda não nasceram.

E eles se separaram.

E o homem dizia em seu coração:

— Eis que agora outro sonho se transforma em névoa.

E a mulher dizia:

— Bem, de que adianta um homem que me transforma em uma névoa e em um sonho?

Quem amamos?

Quando fiquei parado como um límpido espelho diante de ti,
olhaste dentro de mim e viste tua imagem.

Então, disseste: "Eu te amo."
Mas, na verdade tu te amaste em mim.

O amor é o véu entre os amantes.

Risos e lágrimas

Quando o sol retirou seus raios do jardim, e a lua lançou feixes acolchoados sobre as flores, eu me sentei sob as árvores, ponderando sobre os fenômenos da atmosfera, olhando através dos galhos para as estrelas espalhadas que brilhavam como lascas de prata sobre um tapete azul. E eu podia ouvir ao longe o murmúrio agitado do regato cantando velozmente pelo vale.

Quando os pássaros se abrigaram entre os galhos e as flores dobraram suas pétalas e um imenso silêncio caiu, ouvi um farfalhar de pés na grama. Prestei atenção e vi um jovem casal se aproximando de minha pérgula. Eles se sentaram debaixo de uma árvore, onde eu podia vê-los sem ser visto.

Depois de ele olhar em todas as direções, ouvi o jovem dizer:

— Sente-se ao meu lado, meu amor, e ouça meu coração. Sorria, pois sua felicidade é um símbolo de nosso futuro. Seja alegre, pois os dias cintilantes se alegram conosco. Minha alma me alerta sobre a dúvida em seu coração, pois a dúvida no amor é um pecado. Logo você será a dona desta vasta terra, iluminada por esta linda lua. Logo será a senhora de meu palácio, e todos os servos e servas obedecerão às suas ordens. Sorria, minha amada, como o ouro sorri nos cofres de meu pai. Meu coração se recusa a lhe negar seu segredo. Doze meses de conforto e viagem nos esperam. Durante um ano, vamos gastar o ouro de meu pai nos lagos azuis da Suíça, e ver as construções na Itália e no Egito, e descansar sob os Santos Cedros do Líbano. Você vai conhecer princesas que a invejarão por suas joias e roupas. Todas essas coisas eu farei por você. Ficará satisfeita?

Em pouco tempo, eu os vi andando e pisando em flores, como os ricos pisam no coração dos pobres.

Quando desapareceram de minha vista, comecei a fazer uma comparação entre amor e dinheiro e a analisar a posição de cada um no coração. Dinheiro! A fonte do amor insincero, fonte da falsa luz e fortuna, poço de água envenenada, o desespero da velhice!

Eu ainda vagava no vasto deserto da contemplação quando um casal lastimável, como espectros, passou por mim e se sentou na grama: dois jovens que haviam trocado seus casebres rurais nos campos próximos por este lugar frio e solitário.

Depois de alguns momentos de completo silêncio, ouvi as seguintes palavras proferidas com suspiros de lábios mordidos pelo tempo.

— Não derrame lágrimas, meu amor. O amor que abre nossos olhos e escraviza nosso coração pode nos dar a bênção da paciência. Sinta-se consolada em nosso atraso, pois fizemos um juramento e entramos no santuário do amor. Pois este sempre crescerá na adversidade. Pois é em nome do amor que estamos sofrendo os obstáculos da pobreza, da dureza da miséria e do vazio da separação. Vou atacar essas dificuldades até que eu triunfe e coloque em suas mãos uma força que a ajudará a superar todas as coisas enquanto completa a jornada da vida. O amor, que é Deus, considerará nossos suspiros e lágrimas como incenso queimado no altar e nos recompensará com coragem. Adeus, meu amor. Preciso ir antes que a encorajadora lua desapareça.

Uma voz pura, combinada com a chama intensa do amor, a amargura sem esperanças da saudade e a doçura decidida da paciência, disse:

— Adeus, meu amor.

Eles se separaram e a elegia de sua união foi sufocada pelos gemidos de meu coração choroso.

Observei a natureza adormecida e, com profunda reflexão, descobri a realidade de algo vasto e infinito — algo que nenhum poder conseguiria exigir, influenciar ou adquirir, nem as riquezas poderiam comprar. Nem poderia ser apagado pelas lágrimas do tempo ou atenuado pela tristeza — algo que não pode ser encontrado nos lagos azuis da Suíça ou nas belas construções da Itália. É algo que reúne força com paciência, que cresce apesar dos obstáculos, que aquece no inverno, floresce na primavera, lança uma brisa no verão e dá frutos no outono. Eu encontrei o amor.

Amor purificado por lágrimas

Corações unidos pelo sofrimento
não serão separados pela glória da felicidade.
O amor purificado pelas lágrimas
permanecerá eternamente puro e belo.

O CORAÇÃO DE UMA MULHER

Selma me disse:

— O coração de uma mulher não mudará com o tempo ou com a estação. Mesmo que morra eternamente, nunca perecerá. O coração de uma mulher é como uma planície que se transformou em um campo de batalha. Depois que as árvores são arrancadas, e a grama é queimada, e as pedras ficam vermelhas de sangue, e a terra é semeada de ossos e crânios, fica calmo e silencioso como se nada houvesse acontecido. Pois a primavera e o outono vêm em seus intervalos e retomam seu trabalho.

O AMOR ACARICIA E FERE

Mesmo que o amor te coroe,
irá crucificar-te.
Mesmo que o amor seja para teu crescimento,
também é amor para tua poda.
Mesmo que o amor suba até tua altura
e acaricie teus galhos mais ternos
que tremem ao sol,
o amor descerá até tuas raízes
e as agitará em seu apego à terra.

Como feixes de milho,
o amor junta a ti com si mesmo.
O amor te debulha para te deixar nua.
O amor te peneira para te libertar das cascas.
O amor te mói até os ossos.
O amor te sova até que estejas maleável,
e então, o amor te entrega a seu fogo sagrado,
para que possas tornar-te
pão para o banquete sagrado de Deus.

Todas essas coisas o amor fará a ti
para que possas conhecer os segredos de teu coração,
e com esse conhecimento
tornar-te um fragmento do coração da Vida.

O OUTONO DO AMOR

Colhamos uvas
na vinha para o lagar,
e guardemos o vinho em velhos vasos,
como o espírito guarda o conhecimento das eras
em vasos eternos.

Voltemos à nossa morada,
pois o vento fez com que as folhas amarelas
caíssem e envolvessem as murchas flores
que sussurram elegia ao verão.

Vem para casa, meu amor eterno!
Pois os pássaros fizeram sua peregrinação ao calor
e deixaram as pradarias geladas
sofrendo as dores da solidão.
O jasmim e a murta
não têm mais lágrimas.

Retiremo-nos —
pois o cansado riacho cessou sua canção,
as fontes borbulhantes são
drenadas de seu copioso pranto,
e as cautelosas velhas colinas
guardaram suas roupas coloridas.

Vem, meu amor!
A natureza está justamente cansada, e
oferece adeus a seu entusiasmo
com uma silente e satisfeita melodia.

Entre o coração e a alma

Um amante fala sobre a pessoa amada:

A culpa nunca desvia o coração de seu
  propósito,
e a solidão não afasta a alma da
  verdade.

Um homem entre seu coração e sua alma
é como um galho tenro
entre os ventos norte e sul.

Eu te sigo, ó, amor!
O que buscas em mim?
Eu andei contigo
no caminho flamejante,
e, quando abri os olhos,
não vi nada além de escuridão.
Meus lábios tremeram,
mas tu os deixas falar
apenas palavras de desgraça.

Amor, deixaste meu coração faminto
pela doçura da tua presença,
pois sou fraco e tu és forte.
Por que lutas comigo?

Os riachos correm para seu amante, o mar.
As flores sorriem para seu amor, o sol.
As nuvens descem para seu pretendente, o vale.
Eu não sou ouvido pelos riachos,
não sou visto pelas flores,
sou desconhecido para as nuvens.

Quando descobri que eras uma princesa,
e olhei para minha pobreza,
eu aprendi que Deus possui
um segredo não revelado à humanidade:
que um caminho secreto leva o espírito
a lugares onde o amor pode esquecer
os costumes da terra.

Quando olhei para teus olhos,
eu soube que esse caminho leva a um paraíso
cuja porta é o coração humano.

Lágrimas e gotas de orvalho

Podes esquecer aquele
com quem riste,
mas nunca aquele
com quem choraste.

Deve haver algo estranhamente sagrado
   no sal.
Ele está em nossas lágrimas e no mar.

Nosso Deus, em Sua graciosa sede,
beberá todos nós,
a gota de orvalho e a lágrima.

PROFUNDIDADE

Será sempre assim:
o amor só conhece sua profundidade
na hora da separação.

Onde estás, meu outro eu?

Ó, companhia de minha alma, onde estás?

Tu te lembras do dia em que nos conhecemos, quando o resplendor de teu espírito nos cercou e os anjos do amor pairaram ao nosso redor, cantando o louvor à ação da alma?

Tu te lembras de nós sentados à sombra dos galhos, protegendo-nos da humanidade, pois as costelas protegem o divino segredo do coração contra ferimentos?

Tu te lembras das trilhas e da floresta onde andamos, com as mãos unidas e a cabeça inclinada uma contra a outra, como se nos escondêssemos dentro de nós mesmos?

Tu te lembras da hora em que me despedi e do beijo que puseste em meus lábios? Esse beijo me ensinou que unir os lábios com amor revela segredos celestiais que a língua não pode pronunciar!

Aquele beijo foi uma introdução a um grande suspiro, como o sopro do Todo-Poderoso que transformou a terra em um ser humano.

Eu me lembro de quando me beijaste e me beijaste, com lágrimas escorrendo pelo rosto, e me disseste:

— Os corpos terrestres devem se separar para o propósito terrestre, e devem viver separados impelidos pela intenção mundana. Mas o espírito permanece unido em segurança nas mãos do amor, até que a morte chegue e leve a Deus as almas unidas. Vai, meu amor. O amor te escolheu como seu representante. Obedece-lhe, pois ele é a Beleza, que oferece a seu seguidor o cálice da doçura da vida.

Onde estás agora, meu outro eu? Estás acordada no silêncio da noite? Deixa que a brisa límpida te transmita cada batida de meu coração e minha afeição.

Estás acariciando meu rosto em tua memória? Essa imagem não é mais minha, pois a tristeza deixou cair sua sombra sobre meu rosto feliz do passado.

Soluços murcharam meus olhos, que refletiram tua beleza, e secou meus lábios, que adoçavas com beijos.

Onde estás, meu amor? Ouves meu choro além do oceano? Entendes minha necessidade? Conheces a grandeza da minha paciência?

Onde estás, minha linda estrela? A escuridão da vida me lançou contra seu peito. A tristeza me conquistou.

Faz velejar teu sorriso no ar. Ele chegará para me avivar!

Lança tua fragrância no ar. Ela vai me sustentar!

Ó, como é grande o amor, e como sou pequeno!

Quem está crucificando o sol?

Suzana de Nazaré fala de Maria, mãe de Jesus:

Dois sábados atrás, meu coração era como uma pedra em meu peito, pois meu filho havia me deixado para tomar um navio em Tiro. Ele seria marinheiro. Disse que não voltaria mais.
    E certa noite, procurei Maria.
    Quando entrei em sua casa, ela estava sentada diante de seu tear, mas não tecia. Olhava para o céu além de Nazaré.
    E eu lhe disse:
    — Ave, Maria.
    E ela estendeu o braço para mim e disse:
    — Vem e senta-te ao meu lado, e vejamos o sol derramar seu sangue sobre as colinas.
    Eu sentei ao seu lado no banco, e nós olhamos pela janela, para o oeste.
    E depois de um momento, Maria disse:
    — Eu me pergunto, quem está crucificando o sol neste anoitecer?

Então, eu disse:

— Eu vim te pedir conforto. Meu filho me trocou pelo mar e estou sozinha na casa do outro lado do caminho.

Então, Maria disse:

— Eu te consolaria, mas como poderia?

E eu disse:

— Se apenas falares de teu filho, serei consolada.

E Maria sorriu para mim, pôs a mão em meu ombro e disse:

— Falarei dele. E o que te consolará me dará consolo.

Então, ela falou de Jesus, e falou muito de tudo o que aconteceu no começo.

E parecia que, em seu discurso, ela não diferenciava seu filho do meu.

Pois ela me disse:

— Meu filho também é marinheiro. Por que não confiarias teu filho às ondas, mesmo eu o tendo confiado? A mulher será para sempre o ventre e o berço, mas nunca o túmulo. Nós morremos para que possamos dar vida à vida, mesmo que nossos dedos girem o fio para as vestes que nunca usaremos e que lancemos a rede para o peixe que nunca provaremos. E, por isso, nós sofremos, mas mesmo assim em tudo isso está nossa alegria.

Assim me falou Maria.

E eu a deixei e fui para minha casa. E, embora a luz do dia houvesse se acabado, eu me sentei ao tear para fazer mais tecido.

Estações de teu coração

Tua dor é a quebra da concha
que encerra tua compreensão.

Assim como o caroço da fruta deve se quebrar
para que seu coração possa estar ao sol,
tu deves conhecer a dor.

Se pudesses manter teu coração maravilhado
com os milagres diários de tua vida,
tua dor não pareceria
menos maravilhosa que tua alegria.

Aceitarias as estações de teu coração,
assim como sempre aceitaste
as estações que passam sobre teus campos.

Grande anseio

Diz o louco:

Aqui estou eu sentado entre minha irmã, a montanha, e meu irmão, o mar.

Nós três somos um na solidão e o amor que nos une é profundo, forte e estranho. Não, é mais profundo que a profundidade de meu irmão e mais forte que a força de minha irmã, e mais estranho que a estranheza de minha loucura.

Eras e eras se passaram desde que a primeira aurora cinzenta nos fez visíveis uns aos outros. E embora tenhamos visto o nascimento, e a plenitude, e a morte de muitos mundos, ainda somos ansiosos e jovens.

Somos jovens e ansiosos, e, no entanto, somos sozinhos e não visitados. E, apesar de nos encontrarmos em um meio abraço ininterrupto, não sentimos conforto. E que conforto existe para o desejo controlado e a paixão não consumida? De onde virá o deus flamejante para aquecer a cama de meu irmão? E que torrente apagará o fogo de minha irmã? E quem é a mulher que deve comandar meu coração?

Na quietude da noite, meu irmão, dormindo, murmura o nome desconhecido da deusa do fogo, e minha irmã chama de longe o deus frio e distante. Mas, a quem eu chamo durante o sono, não sei.

Aqui estou sentado entre minha irmã, a montanha, e meu irmão, o mar. Nós três somos um em solidão, e o amor que nos une é profundo, forte e estranho.

Anseio além das palavras

Nós esvoaçávamos, vagávamos,
criaturas cheias de anseios,
milhares e milhares de anos
antes de o mar e o vento na floresta
nos darem palavras.

Agora, como podemos expressar
o antigo dos dias em nós
apenas com os sons
dos nossos dias de ontem?

A Esfinge falou apenas uma vez,
e declarou:
"Um grão de areia é um deserto,
e um deserto é um grão de areia.
E agora, façamos silêncio de novo."

Sozinho?

Sozinho?
E daí?
Vieste sozinho,
e sozinho passarás
pela névoa.

Portanto, bebe tua taça
sozinho e em silêncio.

Os dias de outono deram a
outros lábios outras taças
e as encheram de vinho,
amargo e doce,
assim como
encheram tua taça.

Bebe tua taça sozinho,
mesmo que tenha gosto de
teu próprio sangue e lágrimas,
e louva a vida pelo
dom da sede.

Pois sem sede
teu coração é apenas
a costa de um mar estéril,
sem música e sem maré.

Abrindo o coração

Como meu coração se abrirá,
se antes não for partido?
Somente grande tristeza ou grande alegria
podem revelar tua verdade.
Se fosses revelado,
Deverias ou
dançar nu ao sol
ou carregar a tua cruz.

Falando e ouvindo o coração

A voz da vida em mim não pode
alcançar os ouvidos da vida em ti,
mas digamos que
talvez não nos sintamos sozinhos.

Deveria alguém contar uma mentira que
não te magoa, nem a ninguém,
porque não dizes em teu coração
que a casa dos fatos
é pequena demais para suas fantasias,
e ele teve que a abandonar
por um espaço maior?

Uma grande pessoa tem dois corações:
um sangra e outro se abstém.

A realidade dos outros
não está naquilo que eles te revelam,
e sim no que não podem revelar.

Portanto, se os entendes,
não ouve o que eles dizem,
e sim o que não dizem.

Liberdade e servidão

Tu és livre antes do sol do dia
e livre antes das estrelas da noite.
E tu és livre quando não há
sol, nem lua, nem estrelas.

Tu ainda és livre quando
fechas os olhos
sobre tudo que existe.

Mas tu és um escravo
daquele que amas,
porque tu o amas,
E um escravo para aquele
que te ama,
porque ele te ama.

Se possuíres,
não deves reivindicar.

Lágrimas pela pessoa amada...

A mulher de Gebal oferece uma lamentação na época de Jesus:*

Chorai comigo, filhas de Astarte,
e todas as amantes de Tamuz.

Deixai vosso coração derreter e se erguer
e correr com lágrimas de sangue,
porque aquele que foi feito de ouro e marfim
não existe mais.

Na floresta escura, o javali o dominou,
e suas presas perfuraram a carne.

---

* Gebal (ou Biblos, agora chamada Al Jubayl) era uma antiga cidade na costa do Mediterrâneo no atual Líbano. Anteriormente ocupada por Egito e Assíria, Gebal é associada com a Grande Deusa Astarte (chamada *Ba'alat Gebal*, ou "Senhora de Biblos") e seu consorte agonizante, o deus Tamuz. A adoração a ambos era, sem dúvida, ainda forte na época de Jesus.

Agora, ele está manchado com as
    folhas de outrora,
e seus passos não mais despertarão as sementes
que dormem no seio da primavera.

Sua voz não virá
com o amanhecer na minha janela,
e ficarei para sempre sozinha.

Chorai comigo, filhas de Astarte,
e todas as amantes de Tamuz,
porque meu amado me escapou.

Aquele que falou como os rios falam,
aquele cuja voz e tempo eram gêmeos,
aquele cuja boca era uma dor vermelha e doce,
ele em cujos lábios a bile se transformava em mel.

Chorai comigo, filhas de Astarte,
e vós, amantes de Tamuz!

Chorai comigo em seu ataúde
como as estrelas choram e
como as pétalas de lua caem
sobre seu corpo ferido.
Molhai com vossas lágrimas
as mantas de seda de minha cama,
onde meu amor

um dia jazia em meu sonho
e desapareceu
ao meu despertar.

Eu vos ordeno, filhas de Astarte,
e todas as amantes de Tamuz!

Desnudai vossos seios e chorai e consolai-me,
porque Jesus de Nazaré está morto.

Colhendo a dor do coração

A voz de um poeta diz:

O poder da caridade semeia profundamente em meu coração, e eu colho e reúno o trigo em fardos e os dou aos famintos.

Minha alma dá vida à videira e eu pressiono seus cachos e dou o suco ao sedento.

O céu enche minha lamparina de óleo e eu a coloco à minha janela para guiar o estranho na escuridão.

Eu faço todas essas coisas porque vivo nelas. E se o destino amarrasse minhas mãos e me impedisse de fazê-las, então a morte seria meu único desejo. Pois eu sou poeta e, se não puder dar, recusarei receber.

A humanidade se enfurece como uma tempestade, mas eu suspiro em silêncio porque sei que a tempestade vai passar, ao passo que um suspiro acaba em Deus.

A humanidade se apega às coisas terrenas, mas eu sempre busco abraçar a tocha do amor para que ela me purifique pelo fogo e destrua a desumanidade de meu coração.

Coisas materiais amortecem pessoas que tentam viver sem sofrimento. O amor as desperta com dores que avivam.

A humanidade se divide em diferentes clãs e povos e pertence a países e cidades. Mas eu me vejo um estranho para todas as comunidades e não pertenço a nenhum grupo.

O universo é meu país e a família humana é meu povo.

As pessoas são fracas e é triste que se dividam entre si. O mundo é limitado e é insensato dividi-lo em reinos, impérios e províncias.

A humanidade se une apenas para destruir os templos da alma e une as mãos para construir edifícios para corpos terrestres.

Eu permaneço sozinho, ouvindo a voz da esperança em meu eu profundo dizendo: "Assim como o amor vivifica nosso coração com dor, a ignorância nos ensina o caminho do conhecimento."

Dor e ignorância levam à grande alegria e conhecimento, porque o Ser Supremo não criou nada em vão sob o sol.

3

Todos os nossos relacionamentos

O amor tem muitas faces, muitas maneiras de brincar de esconde-esconde. Aqueles a quem chamamos de família, amigos, desconhecidos e inimigos, revelam os dedos de uma mão amorosa.

MÃE

A palavra mais bonita nos lábios da humanidade é *mãe*. E o mais belo chamado é "minha mãe!". *Mãe* é uma palavra cheia de esperança e amor, doce e gentil que provém das profundezas do coração.

A mãe é tudo — é nosso consolo na tristeza, nossa esperança na miséria e nossa força na fraqueza. Ela é a fonte de amor, misericórdia, compaixão e perdão.

Tudo na natureza fala da mãe. O sol é a mãe da terra e lhe dá a nutrição do calor. Nunca deixa o universo à noite enquanto a terra não adormece ao canto do mar e ao hino de pássaros e riachos.

E essa terra é a mãe das árvores e das flores. Ela os produz, amamenta e desmama. As árvores e flores se tornam mães gentis de seus grandes frutos e sementes. E a mãe, o protótipo de toda a existência, é o espírito eterno, cheio de beleza e amor.

A palavra *mãe* está escondida em nosso coração, e vem a nossos lábios em horas de tristeza e felicidade, assim como o perfume vem do coração da rosa e se mistura com o ar limpo e nublado.

A CANÇÃO QUE REPOUSA SILENCIOSA

A canção que repousa silenciosa
no coração de uma mãe
canta nos lábios de sua criança.
Não mais fica insatisfeita.

Provérbios sobre crianças

Há muito tempo tu eras um sonho no sono de tua mãe,
e então ela acordou para te dar à luz.

O embrião da raça está no anseio de
   tua mãe.

Meu pai e minha mãe desejaram uma criança e
   me geraram.
E eu queria uma mãe e um pai, e gerei
   a noite e o mar.

Algumas das nossas crianças são nossas justificativas, e
   outras são apenas nossos arrependimentos.

Canções de ninar

Muitas vezes, cantamos canções de ninar para nossos filhos para que nós mesmos possamos dormir.

Se o amor estivesse na carne...

Diz a mãe de Judas:

Se o amor estivesse na carne,
eu o queimaria
com ferros incandescentes
e estaria em paz.

Mas está na alma,
inacessível.

Esconde-esconde

Agora, vamos brincar de esconde-esconde.

Se te escondesses em meu coração,
Não seria difícil encontrar-te.

Mas, se te escondes atrás
de tua própria concha,
seria inútil
que alguém te procurasse.

Canção de amor

Certa vez, um poeta escreveu uma canção de amor e ela era linda. Ele fez muitas cópias e as enviou a seus amigos e conhecidos, homens e mulheres, e inclusive a uma jovem que vira apenas uma vez, que vivia além das montanhas.

Em um ou dois dias, um mensageiro chegou portando uma carta da jovem. E na carta ela dizia: "Deixa-me te assegurar que estou profundamente tocada pela canção de amor que escreveste para mim. Vem agora falar com meu pai e minha mãe e faremos os arranjos para o noivado."

O poeta respondeu à carta dizendo: "Minha amiga, era apenas uma canção de amor saída do coração de um poeta, cantada por todos os homens a todas as mulheres."

E ela escreveu de novo para ele, dizendo: "Hipócrita e mentiroso em palavras! A partir deste dia até o dia de minha morte, eu odiarei todos os poetas por sua causa."

Amor e ódio

Uma mulher disse a um homem:
— Eu te amo.
E o homem disse:
— Está em meu coração ser digno do teu amor.
E a mulher disse:
— Não me amas?
E o homem apenas olhou para ela e não disse nada.
Então, a mulher gritou alto:
— Eu te odeio!
E o homem disse:
— Também está em meu coração ser digno do teu ódio.

Dois lados

Ontem à tarde, vi nos degraus de mármore do templo uma mulher sentada entre dois homens.

Um lado de seu rosto era pálido,
o outro corado.

O EREMITA, AS FERAS E O AMOR

Era uma vez, um eremita que vivia entre as verdes colinas. Ele era puro de espírito e de coração. E todas as feras da terra e todas as aves do ar iam a ele em pares e ele falava com elas. Elas o ouviam alegremente, e reuniam-se ao seu redor, e só partiam ao anoitecer, quando ele as dispensava, confiando-as ao vento e aos bosques com sua bênção.

Certa noite, enquanto falava de amor, um leopardo ergueu a cabeça e disse ao eremita:

— Você nos fala de amor. Diga-nos, senhor, onde está sua companhia?

E o eremita disse:

— Eu não tenho companhia.

Então, um grande grito de surpresa irrompeu do grupo de feras e aves, e começaram a dizer entre si:

— Como pode nos falar de amor e de encontrar um par se ele mesmo não sabe nada sobre isso?

E calados e desdenhosos, deixaram-no sozinho.

Naquela noite, o eremita se deitou sobre sua esteira com o rosto na terra, chorou amargamente e bateu no peito com as mãos.

Trabalhando com amor

O que é trabalhar com amor?

É tecer o pano com fios retirados de seu coração, como se seu amado fosse usar esse tecido.

É construir uma casa com afeto, como se seu amado fosse morar nela.

É plantar as sementes com ternura e fazer a colheita com alegria, como se seu amado fosse comer o fruto.

É energizar tudo aquilo que você cria com um sopro de seu próprio espírito.

E saber que todos os mortos abençoados estão em pé ao seu redor observando.

Ondule um pouco mais perto...

Um ramo em flor disse a seu ramo vizinho:
— Hoje é um dia vazio e sem graça.
E o outro ramo respondeu:
— É de fato vazio e sem graça.
Nesse momento, um pardal pousou em um dos galhos e depois outro pardal próximo também se aproximou.
Um dos pardais cantou e disse:
— Minha companheira me deixou.
E o outro pardal gritou:
— Minha companheira também se foi e não voltará. Então, não me interessa.
Então, os dois pássaros começaram a chilrear e se repreender, e logo estavam brigando e fazendo ruídos ásperos no ar.
De repente, dois outros pardais chegaram voando pelo céu e se sentaram em silêncio ao lado dos dois inquietos. E houve calma, e houve paz.
Então, os quatro voaram juntos, em dupla.
E o primeiro ramo disse a seu ramo vizinho:
— Foi um forte ziguezague de som!

E o outro ramo respondeu:

— Chame como quiser, mas agora é pacífico e espaçoso. E se o ar superior faz as pazes, acho que os que habitam embaixo podem fazer as pazes também. Você não vai ondular ao vento um pouco mais perto de mim?

E o primeiro ramo disse:

— Oh, talvez, por amor à paz, antes que a primavera termine!

E então, ondulou ao vento forte para abraçar o outro.

Provérbios sobre inimigos

Eu não tenho inimigos, ó, Deus,
mas se eu tivesse um inimigo,
deixa que a força dele seja igual à minha,
e que, assim, só a verdade possa sair vencedora.

Serás bastante amigável
com teu inimigo
quando os dois morrerem.

Muitas vezes eu odiei em legítima defesa.
Mas, se eu fosse mais forte,
não usaria tal arma.

Amigos e desconhecidos

Jorge de Beirute fala de Jesus:

Ele e seus amigos estavam no bosque de pinheiros além de minha cerca, e ele falava para eles. Eu fiquei perto da cerca e ouvi. E eu sabia quem ele era, pois sua fama alcançara essas costas antes de ele próprio as visitar.

Quando ele parou de falar, aproximei-me e disse:

— Senhor, vem com esses homens e honra a mim e a meu teto.

E ele sorriu para mim e disse:

— Hoje não, meu amigo. Não este dia.

Havia uma bênção em suas palavras e sua voz me envolveu como vestes em uma noite fria.

Então, ele se voltou para seus amigos e disse:

— Eis um homem que não nos considera desconhecidos e, embora não tenha nos visto até o dia de hoje, nos convida a passar o limiar de sua porta. Em verdade, em meu reino não há estranhos. Nossa vida é apenas a vida de todas as outras pessoas e nos dá a possibilidade de conhecer a todos, e nesse conhecimento, amá-los. Os atos de todas as pessoas são apenas nossos atos, tanto os ocultos quanto os revelados. Eu te ordeno que não sejas um só eu, mas sim muitos eus, o dono da casa e o desabrigado, o arado e o pardal que apanha o grão antes que ele adormeça na terra, o doador que dá em gratidão e o receptor que recebe em orgulho e reconhecimento. A beleza do dia não está só no que vês, mas no que os outros veem. Por isso, eu te escolhi dentre os muitos que me escolheram.

Então, ele se voltou para mim de novo, sorriu e disse:

— Eu também te digo essas coisas e tu também te lembrarás delas.

Então, eu implorei, dizendo:

— Mestre, não vais visitar minha casa?

E ele respondeu:

— Eu conheço teu coração e já visitei tua casa maior.

E ao se afastar com seus discípulos, ele disse:

— Boa noite e que tua casa seja grande o suficiente para abrigar todos os errantes da Terra.

AMIZADE — TEMPO PARA VIVER

Quando seu amigo fala o que pensa, você não tem medo do "não" na própria mente, nem guarda o "sim" só para si.

E quando seu amigo está em silêncio, seu coração não deixa de ouvir o coração dele.

Pois sem palavras, na amizade, todos os pensamentos, todos os desejos e todas as expectativas nascem e são compartilhados com uma alegria não aclamada.

Você não se aflige quando se separa de seu amigo, pois o que mais ama nele pode ficar mais evidente em sua ausência, assim como, para o alpinista, a montanha é mais nítida olhando da planície.

E que não haja propósito na amizade exceto o aprofundamento do espírito.

Pois o amor em busca de algo que não seja a revelação de seu próprio mistério não é amor, e sim uma rede lançada. E somente o improdutivo é apanhado por tal rede.

Prepare sua melhor versão de si para seu amigo.

Se ele deve conhecer o fluxo de sua maré, deixe-o conhecer seus dilúvios também.

Pois qual é o amigo que você procura com tempo para matar?

Procure-o sempre com tempo para viver.

A DOCE RESPONSABILIDADE DA AMIZADE

A amizade é sempre uma doce responsabilidade, nunca um ensejo.

Se você não entende seu amigo
sob todas as condições,
nunca vai entendê-lo.

Amando o próximo

Quando você gosta de amar o próximo, isso deixa de ser uma virtude.

TEU SEMELHANTE É TEU EU DESCONHECIDO

José de Arimateia recorda Jesus:

E ele dizia:
— Teu semelhante é teu eu desconhecido, tornado visível. O rosto dele se refletirá em tuas águas tranquilas e, se olhares atentamente, verás teu próprio semblante. Se escutares à noite, tu o ouvirás falar e suas palavras serão o pulsar de teu próprio coração. Seja para ele o que queres que ele seja para ti. Esta é minha lei e eu a direi a vós, e a vossos filhos e aos filhos destes, até que passe o tempo e não haja mais gerações.

E outro dia ele disse:
— Tu não ficarás sozinho. Tu estás nos atos dos outros e eles, embora desconheçam, estão contigo todos os teus dias. Eles não cometerão um crime e tua mão não estará com a deles. Eles não cairão, mas que tu também não caias. E não se levantarão, mas que tu te levantes com eles. O caminho para o santuário é teu caminho e, quando eles procuram o deserto, tu também o procuras

com eles. Tu e teu semelhante são duas sementes plantadas no campo. Juntos crescereis e juntos balançareis ao vento. E nenhum de vós reivindicará o campo. Pois uma semente a caminho do crescimento não reivindica nem mesmo o próprio êxtase. Hoje estou contigo. Amanhã vou para o oeste. Mas, antes de ir, digo-te que teu semelhante é teu eu desconhecido, tornado visível. Procura-o no amor para que possas te conhecer, pois somente nesse conhecimento vós vos tornareis meus irmãos.

O VIZINHO NÃO AMIGO

O espaço que há entre ti e
teu vizinho próximo, não amigo,
é, de fato, maior que o que existe entre
tu e teu amor,
que vive além
das sete terras e sete mares.

Teu vizinho é um campo

Pedro relembra seu tempo com Jesus:

Uma vez em Cafarnaum, meu senhor e mestre disse assim:

— Teu vizinho é teu outro eu vivendo atrás de uma parede. Com o entendimento, todas as paredes cairão. Quem sabe se teu vizinho é teu melhor eu usando outro corpo? Ama-o como amas a ti mesmo. Ele também é uma manifestação do Altíssimo, a quem não conheces. Teu vizinho é um campo onde as fontes de tua esperança andam com suas vestes verdes, e onde os invernos de teu desejo sonham com picos nevados. Teu vizinho é um espelho no qual contemplarás teu semblante embelezado por uma alegria que tu mesmo não conhecias e por uma tristeza que não compartilhaste. Quero que ames teu vizinho como eu te amei.

Então, perguntei a ele:

— Como posso amar um vizinho que não me ama e que cobiça minha propriedade? Que roubaria minhas posses?

E ele respondeu:

— Quando estás arando e teu servo está plantando a semente atrás de ti, vais parar e olhar para trás e espantar um pardal que se alimente de algumas de tuas sementes? Se fizeres isso, não serás digno das riquezas de tua colheita.

Quando Jesus disse isso, fiquei envergonhado e em silêncio. Mas eu não estava com medo, porque ele sorriu para mim.

Amor e patriotismo

Diz a voz de um poeta:

Eu tenho um anseio por meu lindo país e amo seu povo devido a sua miséria. Mas se meu povo se erguesse, estimulado pelo lucro e motivado pelo que chamam de "espírito patriótico", para assassinar e invadir o país de meu vizinho, e cometesse qualquer atrocidade humana, eu odiaria meu povo e meu país.

Canto em louvor à minha cidade natal e anseio ver a casa de meus filhos. Mas se as pessoas dessa casa se recusassem a abrigar e alimentar o viajante necessitado, eu converteria meu louvor em raiva e meu anseio em esquecimento. Minha voz interior diria: "A casa que não conforta os necessitados não é digna de nada além de destruição."

Eu amo minha aldeia natal com um pouco de meu amor por meu país. E amo meu país com parte de meu amor à Terra, que é meu país. E eu amo a Terra com tudo de mim, porque é o paraíso da humanidade, o espírito manifesto de Deus.

A humanidade é o espírito do Ser Supremo na Terra, e ela está em meio a ruínas, escondendo sua nudez por trás de farrapos, derramando lágrimas em faces ocas e chamando seus filhos com voz de lamentação. Mas os filhos estão ocupados cantando o hino do clã. Estão ocupados afiando espadas e não conseguem ouvir o choro de suas mães.

A humanidade apela a seu povo, mas ele não a escuta. Se alguém ouvisse e consolasse a mãe enxugando suas lágrimas, outros diriam: "Ele é fraco, afetado pelo sentimento."

A humanidade é o espírito do Ser Supremo na Terra, e esse Ser Supremo prega amor e a boa vontade. Mas as pessoas ridicularizam tais ensinamentos. O Jesus Nazareno escutou e a crucificação foi seu destino. Sócrates ouviu a voz e a seguiu, e ele também caiu vítima no corpo. Os seguidores do Nazareno e de Sócrates são os seguidores da divindade e, como as pessoas não os matam, zombam dizendo: "O ridículo é mais amargo que a morte."

Jerusalém não pôde matar o Nazareno, nem Atenas pôde matar Sócrates. Eles vivem ainda e viverão eternamente. O ridículo não pode triunfar sobre os seguidores da divindade. Eles vivem e crescem para sempre.

Espaços em vossa união

Vós nascestes juntos
e juntos sereis para sempre.

Mas deixai que haja espaços em vossa união,
e que os ventos dos céus
dancem entre vós.

Amai-vos,
mas não façais uma amarra de amor.
Deixai que seja um mar em movimento
entre as margens de vossas almas.

Cantai e dançai junto e sede alegres,
mas deixai cada um de vós estar sozinho;
mesmo quando as cordas de um alaúde estão sozinhas,
elas tremem com a mesma música.

Dai vosso coração, mas não à guarda do
    outro.
Pois somente a mão da vida pode conter vosso
    coração.

Chama a chama

[Os antigos Deuses da Terra continuam conversando sobre o propósito da vida enquanto observam um casal amoroso se abraçando:]

Observai, homem e mulher,
Chama a chama em branco êxtase.
Raízes que sugam o peito da terra roxa,
flamejam flores nos seios do céu.
E nós somos o peito roxo,
e somos o céu duradouro.

Nossa alma, a alma da vida,
tua alma e a minha,
habitam esta noite em uma garganta inflamada,
e vestem o corpo de uma menina com ondas que
   se quebram.

Teu cetro não pode influenciar esse destino,
Teu cansaço é apenas ambição.
Isso e tudo é varrido
na paixão de um homem e uma donzela.

Aqueles que são conquistados pelo amor,
e em cujo corpo
a carruagem do amor correu do mar à montanha
e de novo da montanha ao mar,
permanecem até agora em um tímido meio abraço.

Pétala à pétala,
respiram o perfume sagrado.
Alma à alma,
encontram a alma da vida.
E sobre suas pálpebras
jaz uma oração
para ti e para mim.

O amor é uma noite inclinada
sobre um caramanchão ungido,
um céu transformado em prado
e todas as estrelas transformadas em vaga-lumes.

É verdade, somos o além
e o mais elevado.

Mas o amor está fora do alcance de nosso questionamento,
e paira sobre nossa canção.

Amando a ovelha perdida

Um pastor no sul do Líbano fala sobre o encontro com Jesus:

Então ele falou, e havia alegria e riso em sua voz:
— Vamos para o País do Norte e encontremos a fonte. Vinde comigo para as colinas, pois o inverno passou e as neves do Líbano descem aos vales para cantar com os riachos. Os campos e as vinhas baniram o sono e estão acordados para saudar o sol com seus figos verdes e uvas tenras.

Era final de verão quando ele e mais três homens seguiram pela estrada longínqua. Era noite, e ele parou e ficou ali no fim do pasto.

Eu estava tocando minha flauta e meu rebanho pastava a meu redor. Quando ele parou, eu me levantei e me aproximei, e parei diante dele.

E ele me perguntou:
— Onde fica o túmulo de Elias? Não é perto deste lugar?

E eu respondi:

— Fica ali, senhor, debaixo daquele grande monte de pedras. Até hoje, todo passante traz uma pedra e a coloca no monte.

Ele me agradeceu e foi embora, e seus amigos o seguiram.

Três dias depois, Gamaliel, que também era pastor, disse-me que o homem que passara era um profeta da Judeia. Mas eu não acreditei. No entanto, pensei naquele homem durante muitas luas.

Quando a primavera chegou, Jesus passou mais uma vez por este pasto e, dessa vez, estava sozinho.

Eu não estava tocando minha flauta naquele dia, pois havia perdido uma ovelha e estava enlutado. E meu coração estava abatido dentro de mim.

Fui em direção a ele e fiquei parado a sua frente, pois desejava ser confortado.

E ele olhou para mim e disse:

— Não estás tocando tua flauta hoje. De onde vem a tristeza de teus olhos?

Eu respondi:

— Uma dentre minhas ovelhas se perdeu. Eu a procurei em todos os lugares, mas não a encontrei. E não sei o que fazer.

Ele ficou em silêncio por um momento. Então, sorriu para mim e disse:

— Espere aqui um pouco, eu encontrarei tua ovelha.

E ele se afastou e desapareceu entre as colinas.

Depois de uma hora ele voltou e minha ovelha estava logo atrás dele. Quando ele parou diante de mim, a ovelha olhou para seu rosto, assim como eu. Então, eu a abracei com alegria.

E ele pousou a mão em meu ombro e disse:

— A partir de hoje, deves amar esta ovelha mais que a qualquer outra de teu rebanho, pois ela estava perdida e agora se encontrou.

E de novo abracei minha ovelha com alegria; ela se aproximou de mim e eu fiquei em silêncio.

Mas, quando levantei a cabeça para agradecer a Jesus, ele já estava longe e eu não tive coragem de segui-Lo.

Os dedos de uma mão amorosa

Diz a voz de um poeta:

Vocês são meus irmãos e minhas irmãs, porque são seres humanos. Somos todos filhos de um só Espírito Santo. Somos iguais e feitos da mesma terra.

Vocês estão aqui como meus companheiros no caminho da vida e para me ajudar a compreender o significado da verdade oculta.

Vocês são seres humanos, e esse fato basta: eu os amo. Podem falar de mim como quiserem, pois o amanhã os levará embora e usará suas palavras como prova para seu julgamento. E vocês receberão justiça.

Podem me privar de tudo que possuo. Pois minha ganância instigou a acumulação de riqueza, e vocês têm direito à minha abundância, se isso os satisfizer.

Podem fazer comigo o que quiserem, mas não poderão tocar minha verdade.

Podem derramar meu sangue e queimar meu corpo, mas não podem matar ou ferir meu espírito.

Vocês podem amarrar minhas mãos com algemas e meus pés com correntes e me colocar na prisão escura.

Mas não poderão escravizar meu pensamento, pois ele é livre como a brisa no céu espaçoso.

Vocês são meus irmãos e irmãs e eu os amo. Eu os amo quando adoram em sua igreja, quando se ajoelham em seu templo e oram em sua mesquita. Vocês, e eu, e todos, somos filhos de uma só religião, pois os vários caminhos dela são apenas os dedos da mão amorosa do Ser Supremo estendidos para todos, oferecendo plenitude de espírito a todos, ansiosos por receber tudo.

Eu os amo por sua verdade, derivada de seu conhecimento, aquela verdade que não posso ver devido a minha ignorância. Mas respeito isso como algo divino, pois é a ação do espírito. Sua verdade encontrará a minha no mundo vindouro e as duas se mesclarão como a fragrância das flores. E se tornarão uma verdade inteira e infinita, perpetuando e vivendo na eternidade do amor e da beleza.

Eu os amo porque vocês são fracos diante do forte opressor e pobres diante dos ricos gananciosos. Por essas razões, eu choro e os conforto.

E por trás de minhas lágrimas vejo vocês nos braços da justiça, sorrindo e perdoando seus perseguidores.

Vocês são meus irmãos e minhas irmãs e eu os amo.

4

Um amor além

O amor é mais que uma emoção. É uma força sagrada que transforma nossas ideias sobre quem pensamos que somos e nos transporta por um caminho que se estende por esta vida e além.

O INVERNO DO AMOR

Aproxima-te,
Ó, companheira de minha vida plena!

Aproxima-te,
e não deixa o toque do inverno
ficar entre nós.

Senta-te perto de mim diante da lareira,
pois o fogo é o único fruto do inverno.

Fala-me da glória do teu coração,
pois isso é maior que
os elementos estridentes além de nossa porta.

Amarra a porta e sela as janelas,
pois o semblante irado do céu
deprime meu espírito,
e a face de nossos campos cobertos de neve
faz minha alma chorar.

Alimenta a lâmpada com óleo
e não a deixa diminuir,
e coloca-a a teu lado,
para que eu possa ler com lágrimas o que
tua vida comigo tem
escrito em teu rosto.

Traga o vinho do outono!
Vamos beber e cantar
a canção de recordação
da despreocupada semeadura da primavera,
e o cuidado vigilante do verão,
e a recompensa do outono na colheita.

Aproxima-te,
Ó, amada de minha alma!
O fogo está esfriando e sumindo
sob as cinzas.

Abraça-me,
pois temo a solidão.
A lâmpada está fraca
e o vinho que bebemos
está fechando nossos olhos.
Olhemos um para o outro
antes que se fechem.

Encontra-me com teus braços e abraça-me.
Durmamos e abracemos nossas almas como uma só.

Beija-me, minha amada,
pois o inverno roubou
tudo menos nossos lábios em movimento.

Estás perto de mim, minha para sempre.

Como é profundo e largo
o oceano do sono.
E como é recente a madrugada!

Um ritmo para os amantes

Mesmo que te ergas além de tuas palavras,
teu caminho manterá
um ritmo e uma fragrância —
um ritmo para os amantes
e para todos que são amados,
e uma fragrância para aqueles que
viveriam a vida em um jardim.

Deves ir mais fundo
que tuas palavras, sim,
mais fundo que todos os sons,
para o coração da terra.
E lá estarás sozinho
com Aquele que caminha
sobre a Via Láctea.

O amor é a única liberdade

O amor é a única liberdade no mundo,
pois eleva tanto o espírito
que as leis da humanidade e
os fenômenos da natureza
não alteram seu curso.

O amor é justiça

Diz a voz de um poeta:

Vocês são meus irmãos e irmãs, mas por que estão discutindo comigo? Por que invadem meu país e tentam me subjugar para agradar àqueles que buscam glória e autoridade?

Por que deixam suas esposas, maridos e filhos e seguem a morte até uma terra distante por aqueles que compram glória com seu sangue e altas honras com as lágrimas de suas mães?

É uma honra para um homem matar seu irmão? Se consideram isso uma honra, façam uma cerimônia de adoração e ergam um templo para Caim, que matou seu irmão Abel.

Autopreservação é a primeira lei da natureza? Por que, então, a cobiça os urge a se sacrificar apenas para atingir o objetivo de ferir seus irmãos e irmãs? Cuidado, meus irmãos e irmãs, com o líder que diz: "O amor à existência nos obriga a privar o povo de seus direitos!"

Eu digo apenas:

Proteger os direitos do outro é o mais nobre e belo ato humano. Se minha existência requer que eu mate outras pessoas, a morte será mais honrosa para mim. E se eu não puder encontrar alguém que me mate para proteger minha honra, não hesitarei em tirar minha vida com minhas próprias mãos em nome da eternidade, antes que a eternidade chegue.

O egoísmo, meus irmãos e irmãs, é a causa da superioridade cega, e a superioridade cria o sectarismo, e o sectarismo cria a autoridade que conduz à discórdia e à subjugação.

A alma acredita no poder do conhecimento e da justiça sobre a ignorância obscura. Ela nega a autoridade que fornece as espadas para defender e fortalecer a ignorância e a opressão. Essa autoridade destruiu a Babilônia, abalou os alicerces de Jerusalém e deixou Roma em ruínas. Foi isso que fez as pessoas considerarem criminosos como ótimas pessoas, que obrigou os escritores a respeitar seus nomes e fez historiadores relatarem as histórias de sua desumanidade como louvação.

A única autoridade a que obedeço é o conhecimento de velar e aquiescer na lei natural da justiça. Que justiça mostra a autoridade quando mata o assassino? Quando prende o ladrão? Quando vai até um país vizinho e mata seu povo?

O que a justiça pensa da autoridade sob a qual um assassino pune quem mata e um ladrão sentencia aquele que rouba?

Vocês são meus irmãos e irmãs, e eu os amo. E o amor é justiça com toda sua intensidade e dignidade. Se a justiça não sustentasse meu amor por vocês independentemente de seu povo ou comunidade, eu seria um enganador, esconderia a maldade do egoísmo por trás das vestes do amor puro.

O SILÊNCIO SUSSURRA AO CORAÇÃO

Não são as sílabas que vêm dos lábios e das línguas que unem os corações. Há algo maior e mais puro que aquilo que a boca pronuncia.

O silêncio ilumina nossa alma, sussurra para nosso coração e os une.

O silêncio nos separa de nós mesmos, nos faz navegar pelo firmamento do espírito e nos aproxima do céu.

Faz com que sintamos que o corpo não é mais que prisão, e que este mundo é apenas um lugar de exílio.

A canção de amor das ondas

A praia forte é minha amada,
e eu sou seu amado.

Estamos por fim unidos pelo amor,
e, então, a lua me tira dela.

Vou até meu amor com pressa e
parto com relutância,
com muitas pequenas despedidas.

Eu furto rapidamente por
trás do horizonte azul
para lançar a prata de minha espuma
sobre o ouro de sua areia,
e nos misturamos em brilho derretido.

Eu sacio sua sede e submerjo seu coração.
Ela suaviza minha voz e subjuga meu temperamento.

Ao amanhecer, eu recito as regras do amor em seus ouvidos,
e ela me abraça com anseio.

Ao anoitecer, canto para ela a canção da esperança
e, então, imprimo beijos suaves em seu rosto.

Eu sou rápido e temeroso,
mas ela é quieta, paciente e pensativa.
Seu peito largo acalma minha inquietação.

Quando a maré vem, nós nos acariciamos.
Quando se vai, eu gotejo a seus pés em oração.

Muitas vezes eu dancei em torno de sereias
quando elas subiam das profundezas
e descansavam em minha crista
para observar as estrelas.

Muitas vezes ouvi amantes
reclamando de sua pequenez,
e os ajudei a suspirar.

Muitas vezes provoquei as grandes rochas
e as acariciei com um sorriso,
mas nunca recebi
risos delas.

Muitas vezes ergui almas que se afogavam
e as carreguei com ternura
até minha amada praia.
Ela lhes dá forças
quando tira as minhas.

Muitas vezes eu roubei
pedras das profundezas e
com elas presenteei minha amada praia.
Ela as pega calada,
mas, mesmo assim, lhes dou,
porque ela sempre me dá as boas-vindas.

No peso da noite,
quando todas as criaturas buscam
o fantasma do torpor,
Eu me sento, cantando uma vez
e suspirando outra.
Estou sempre acordado.

Ah! A insônia me enfraqueceu!

Mas eu sou um amante,
e a verdade do amor é forte.
Posso estar cansado,
mas nunca vou morrer.

Sementes do coração

Toda semente é um anseio.

Plante uma semente e
a terra lhe dará uma flor.

Sonhe seu sonho para o céu
e ele lhe trará seu amor.

Canção do amor

Eu sou os olhos do amante
e o vinho do espírito
e o alimento do coração.

Eu sou uma rosa —
meu coração se abre ao amanhecer e
a virgem me beija
e me põe em seu seio.

Eu sou a casa da verdadeira fortuna
e a origem do prazer
e o começo da paz e da tranquilidade.

Eu sou o gentil sorriso nos lábios da beleza.

Quando a juventude me alcança
ela esquece sua labuta,
e toda sua vida se torna
uma realidade de bons sonhos.

Eu sou o júbilo do poeta
e a revelação do artista
e a inspiração do músico.

Eu sou um santuário sagrado
no coração de uma criança
adorada por uma mãe misericordiosa.

Eu apareço ao pranto de um coração.
Eu acalmo a demanda.
Minha plenitude persegue o desejo do coração.
Ela evita a reivindicação vazia da voz.

Eu apareci para Adão por meio de Eva
e o exílio foi sua sina.
No entanto, eu me revelei a Salomão,
e ele tirou sabedoria de minha presença.

Eu sorri para Helena, e ela destruiu Tarwada.*
No entanto, coroei Cleópatra e
a paz dominou o vale do Nilo.

Eu sou como as eras —
construindo hoje e destruindo amanhã.
Eu sou como um deus que cria e arruína.

---
* Troia em árabe.

Eu sou mais doce que um suspiro de uma violeta.
Eu sou mais violento que uma furiosa tempestade.

Presentes, por si só, não me seduzem,
a separação não me desencoraja,
a pobreza não me persegue,
o ciúme não prova minha consciência,
a loucura não evidencia minha presença.

Ó, buscadores, eu sou a verdade
suplicando a verdade.
E sua verdade em
buscar-me, receber-me
e me proteger
determinará meu comportamento.

Luz do amor

O amor é uma palavra de luz,
escrita por uma mão de luz
em uma página de luz.

O AMOR SE BASTA

O amor não dá nada além de si mesmo
e não toma nada além de si mesmo.
O amor não possui
nem é possuído.

Porque amar é suficiente para o amor.

Quando amas, não deves dizer
"Deus está em meu coração", mas sim
"Estou no coração de Deus".

Quando o amor se torna vasto

Olhando para trás, João de Patmos fala de Jesus:

Mais uma vez eu falaria dele.
Deus me deu a voz e os lábios ardentes, mas não a palavra. E indigno sou da palavra mais completa, mas convocaria meu coração aos meus lábios.
Jesus me amava e eu não sabia por quê. E eu o amava porque ele acelerou meu espírito para alturas além da minha estatura e profundidades além do meu alcance.

O amor é um mistério sagrado.
Para aqueles que amam,
permanece para sempre sem palavras.
Mas para aqueles que não amam,
pode ser apenas uma brincadeira cruel.

Jesus chamou a mim e a meu irmão quando estávamos trabalhando no campo. Eu era jovem então e apenas a voz da aurora havia visitado meus ouvidos.

Mas sua voz e a trombeta desta foram o fim de meu trabalho e o começo de minha paixão. E não havia nada para mim senão andar ao sol e adorar o encanto da hora.

Poderias conceber uma majestade gentil demais para ser majestosa?
E uma beleza radiante demais para parecer bonita?
Poderias ouvir em teus sonhos uma voz envergonhada de seu próprio êxtase?

Ele me chamou e eu O segui.
Naquela noite, voltei à casa de meu pai para pegar meu outro manto. E disse a minha mãe:
— Jesus de Nazaré me terá em sua companhia.
E ela disse:
— Segue teu caminho, meu filho, assim como teu irmão.
E eu o acompanhei. Sua fragrância me chamou e me comandou, mas apenas para me libertar.

O amor é um gracioso anfitrião para seus convidados, mas, para os não convidados,
sua casa é uma miragem e uma zombaria.

Agora, queres que eu explique os milagres de Jesus.
Somos todos o miraculoso gesto do momento. Nosso senhor e mestre era o centro daquele momento. No entanto, não era seu desejo que seus gestos fossem conhecidos.

Eu o ouvi dizer ao coxo:

— Levanta-te e vai para casa, mas não diz ao sacerdote que eu te fiz completo.

E a mente de Jesus não estava no homem deficiente. Estava no forte e ereto. Sua mente buscava e sustentava outras mentes, e seu espírito completo visitava outros espíritos. E ao fazê-lo, seu espírito mudava essas mentes e espíritos. Parecia milagroso, mas com nosso senhor e mestre era simplesmente como respirar o ar de todo dia.

E agora, deixa-me falar de outras coisas.

No dia em que ele e eu caminhávamos sozinhos por um campo, estávamos com fome e chegamos a uma macieira silvestre. Apenas duas maçãs pendiam do galho. E ele segurou o tronco da árvore com o braço e o sacudiu, e as duas maçãs caíram.

Ele pegou as duas e me deu uma. A outra, ele segurou na mão. Com a fome, comi a maçã depressa.

Então, olhei para ele e vi que ainda segurava a outra maçã na mão. E ele a deu a mim, dizendo:

— Coma esta também.

E eu peguei a maçã, e com minha fome descarada eu a comi. E enquanto caminhávamos, olhei para Seu rosto. Mas como te direi o que vi?

Uma noite onde as velas queimam no espaço...
um sonho além de nosso alcance...
um meio-dia onde todos os pastores estão em paz e felizes por seu rebanho estar pastando...

um anoitecer, e uma quietude, e uma
   volta para casa...
e então, um sono e um sonho.

   Todas essas coisas eu vi em Seu rosto.
   Ele me deu as duas maçãs. E eu sabia que ele estava com fome tanto quanto eu. Mas agora sei que, ao entregá-las a mim, ele ficou satisfeito. Ele mesmo comeu outras frutas de outra árvore. Eu falaria mais sobre ele, mas como?

Quando o amor se torna vasto,
o amor fica sem palavras.
E quando a memória está sobrecarregada,
ela busca o silêncio profundo.

Fora de meu coração mais profundo

Fora de meu coração mais profundo
um pássaro se ergueu e voou em direção aos céus.
Cada vez mais alto ele subia,
e mais e mais ele crescia.
No começo, era como uma andorinha,
e então uma cotovia, depois uma águia,
e então vasto como uma nuvem de primavera,
até que encheu os céus estrelados.
Fora de meu coração, um pássaro voou em direção aos
 céus,
e ia crescendo enquanto voava.
No entanto, não deixou meu coração.

Ó, minha fé,
meu conhecimento indomável!
Como voar até tua altura
e ver contigo nosso maior eu
desenhado no céu?

Como transformar em névoa este mar dentro de mim
e mover-me contigo no espaço imensurável?
Como pode um prisioneiro dentro do templo
contemplar suas cúpulas douradas?
Como esticar o coração de uma fruta
para que envolva a fruta também?

Ó, minha fé!
Estou acorrentado atrás destas barras
de prata e de ébano
e não posso voar contigo.
No entanto, de meu coração te elevas ao céu,
e é meu coração que te segura,
e eu me alegro.

Anseio pelo coração da pessoa amada

Lázaro lamenta ter sido trazido de volta à vida por Jesus e fala com sua irmã, Maria de Betânia. Um louco escuta nas proximidades e comenta.

Lázaro:

Eu era um córrego e fui em busca do mar
onde vive minha amada.
E quando cheguei ao mar,
Fui levado para as colinas
para correr de novo entre as rochas.

Eu era uma canção aprisionada no silêncio,
ansiando pelo coração de minha amada.
E quando os ventos do céu me libertaram
e me proferiram naquela floresta verde,
Eu fui recapturado por uma voz,
e transformado de novo em silêncio.

Eu era uma raiz na terra escura
e me tornei uma flor.
E então, ergueu-se uma fragrância no espaço
para envolver minha amada,
e fui apanhado e
recolhido com a mão,
e fui feito de novo uma raiz,
uma raiz na terra escura.

O Louco:

Se és uma raiz,
sempre podes escapar
das tempestades nos ramos.
E é bom ser um córrego que corre
mesmo depois de ter chegado ao mar.
Sem dúvida, é bom para a água
correr para cima.

Maria:

Mas meu irmão!
É bom ser um córrego que corre.
E não é bom ser uma canção ainda não cantada,
e é bom ser uma raiz na terra escura.

O Mestre sabia de tudo isso
e ele te chamou de volta para nós

para que saibamos que não há
nenhum véu entre a vida e a morte.
Não vês como
uma palavra proferida no amor
pode reunir elementos
espalhados por uma ilusão chamada morte?

Acredita e tem fé,
pois somente na fé,
que é nosso conhecimento mais profundo,
podes encontrar conforto.

Lázaro:

Conforto?
Conforto, o traiçoeiro, o mortal!
Conforto que engana nossos sentidos e
nos torna escravos da hora que passa!
Eu não teria conforto.
Eu teria paixão!
Eu queimaria no espaço gelado
com minha amada.
Eu estaria no espaço sem limites
com minha companheira, meu outro eu.

Ó Maria, Maria, tu foste minha irmã,
e nos conhecíamos mesmo
quando nossos parentes mais próximos não nos conheciam.
Agora, escuta, escuta-me com teu coração.

Nós estávamos no espaço, minha amada e eu,
e éramos só espaço.
Nós estávamos na luz
e éramos só luz.
E nós vagávamos como o espírito antigo
que andava sobre a face das águas
e para sempre era o primeiro dia.

Nós éramos o próprio amor que habita
o coração do alvo silêncio.
Então uma voz como um trovão,
uma voz como inúmeras lanças
perfurando o éter, gritou:
"Lázaro, levanta!"

E a voz ecoou e
ressonou no espaço,
e eu, que era como a maré cheia,
tornei-me maré baixa.
Uma casa dividida, uma roupa emprestada,
uma juventude não vivida, uma torre caindo,
e de suas pedras quebradas
um marco foi construído.

Uma voz gritou: "Lázaro, levanta!",
e eu desci da
mansão do céu para
um túmulo dentro de um túmulo,
este corpo em uma caverna selada.

Amor e tempo

Quem de vós não sente que
vosso poder de amar é ilimitado?

E quem não sente
esse mesmo amor, embora ilimitado,
abarcado no centro de seu ser?
Mesmo não se movendo de pensamentos de amor para
 pensamentos de amor,
nem de atos de amor para outros atos de amor.

E o tempo, assim como o amor, não é
indiviso e inerte?

Mas se em pensamento
deves medir
o tempo em estações,
deixa cada estação
rodear todas as outras estações,
e deixa o hoje
abraçar o passado com lembrança
e o futuro com saudade.

Amor criado em um momento

É errado pensar que o amor vem
do longo companheirismo
e do perseverante cortejo.

O amor é fruto da afinidade espiritual,
e se essa afinidade
não for criada em um momento,
não será criada
em anos, nem mesmo em gerações.

Os jardins de nossa paixão

Trinta anos depois, Maria Madalena reflete:

Mais uma vez digo que, ao morrer, Jesus conquistou a morte e se levantou da sepultura como um espírito e um poder. E ele andou por nossa solidão e visitou os jardins de nossa paixão.

Ele não está lá naquela fenda da rocha atrás da pedra.

Nós que o amamos o contemplamos com estes olhos que ele fez para ver. E nós o tocamos com estas mãos que ele ensinou a alcançar.

Eu conheço vós que não acreditais nele. Eu fui um de vós, e vós sois muitos. Mas vosso número será diminuído.

Acaso têm que quebrar vossa harpa e vossa lira para encontrar música nelas?

Ou precisais derrubar uma árvore antes de acreditar que ela dá frutos?

Odeiam Jesus porque alguém do País do Norte disse que ele era filho de Deus. Mas vós odiais uns aos outros, porque cada um de vós se considera bom demais para ser irmão do próximo.

Vós o odiais porque alguém disse que ele nasceu de uma virgem, e não de semente humana.

Mas não conheceis as mães que vão à tumba em virgindade, nem os homens que descem à sepultura sufocados por sua própria sede.

Não sabeis que a terra foi dada em casamento ao sol, e é essa terra que nos envia à montanha e ao deserto.

Há um abismo que boceja entre aqueles que o amam e aqueles que o odeiam, entre aqueles que acreditam e aqueles que não acreditam.

Mas, quando os anos tiverem passado sobre o abismo, saberás que aquele que viveu em nós é imortal, que ele era o filho de Deus assim como nós somos filhos de Deus. Que ele nasceu de uma virgem, assim como nós nascemos da terra que não tem esposo.

É estranho que a terra não dê aos incrédulos as raízes que sugam seu seio, nem as asas para que possam voar alto e beber e encher-se com o orvalho de seu espaço.

Mas eu sei o que sei, e isso basta.

Ataque selvagem do amor

[Os antigos Deuses da Terra concluem que seu cansaço da vida é injustificado, e que a presença do amor mudou tudo.]

Primeiro Deus:

Altar eterno!
Serias realmente esta noite
um deus para sacrifício?
Agora eu venho
e, chegando, ofereço
minha paixão e minha dor.

Vê, eis a dançarina,
esculpida de nossa ânsia antiga,
e o cantor exclama
minhas próprias canções ao vento.

E nessa dança e nesse canto
um deus é morto dentro de mim.
Meu coração de deus dentro de minhas costelas humanas
grita no ar ao meu coração de deus.

O poço humano que me cansou
clama à divindade.
A beleza que buscamos
desde o princípio
clama à divindade.

Eu presto atenção,
e eu medi o clamor,
e agora sucumbo.

A beleza é um caminho
que leva a si mesma,
assassinada por si.

Bate tuas cordas!
Eu trilharei o caminho.
Ele sempre se estica para outro amanhecer.

Terceiro Deus:

O amor triunfa!
O branco e o verde do amor ao lado de um lago.
E a orgulhosa majestade do amor
    na torre ou na varanda.
O amor em um jardim ou no deserto inexplorado —
o amor é nosso senhor e mestre.

Não é uma decadência licenciosa da carne,
nem a desintegração do desejo
quando desejo e ego estão lutando.
Nem é a carne que pega em armas contra o espírito.

O amor não se rebela.
Só deixa o caminho trilhado
de antigos destinos
para o bosque sagrado,
para cantar e dançar
seu segredo para a eternidade.

O amor é juventude com correntes partidas,
a masculinidade libertada do solo
e a feminilidade aquecida pela chama
e brilhando com a luz do céu
mais profunda que nosso céu.

O amor é um riso distante no espírito.
É um ataque selvagem que
te acalma para teu despertar.

É uma nova aurora na terra,
um dia ainda não alcançado
em teus olhos ou nos meus,
mas já alcançados
em seu próprio coração maior.

Irmãos, meus irmãos!
A noiva vem do coração da aurora
e o noivo do pôr do sol.
Há um casamento no vale —
um dia vasto demais para se lembrar.

Agora, eu me erguerei e me despirei do tempo e do espaço,
e dançarei nesse campo não trilhado,
e os pés da dançarina se moverão com meus pés.
E eu cantarei nesse ar mais alto,
e uma voz humana pulsará dentro de minha voz.

Nós, deuses, devemos passar para o crepúsculo,
talvez para acordar para o
amanhecer de outro mundo.
Mas o amor ficará,
e suas digitais
não serão apagadas.

A forja abençoada queima,
as faíscas se elevam,
e cada faísca é um sol.

Melhor para nós, e mais sábio,
é procurar um recanto sombrio
e dormir em nossa divindade terrena.

E deixar o amor, humano e frágil,
comandar o dia seguinte.

Minha alma é minha amiga

Diz a voz de um poeta:

Minha alma é minha amiga, que me consola na miséria e aflição da vida. Aqueles que não fazem amizade com sua alma são inimigos da humanidade, e aqueles que não encontram orientação humana dentro de si mesmos perecerão desesperadamente.
A vida emerge de dentro e não deriva dos ambientes.
Eu vim dizer uma palavra e a direi agora. Mas se a morte impedir que seja proferida, será dita amanhã, pois o amanhã não deixa nenhum segredo no livro da eternidade.
Eu vim viver na glória do amor e da luz da beleza, que são reflexos de Deus. Estou aqui vivendo e as pessoas são incapazes de me exilar do domínio da vida, pois sabem que viverei na morte.
Se arrancarem meus olhos, escutarei os murmúrios de amor e as canções de beleza.
Se fecharem meus ouvidos, apreciarei o toque da brisa mesclada com o incenso do amor e a fragrância da beleza.

Se me puserem no vácuo, viverei com minha alma, filha do amor e da beleza.

Eu vim aqui para ser para todos e com todos, e o que faço hoje em minha solidão ecoará amanhã para as pessoas.

O que eu digo agora com um coração será dito amanhã por muitos corações.

Ficar e partir

Minha casa me diz:
"Não me deixa, pois aqui habita teu passado."

E a estrada me diz:
"Vem e me segue, pois eu sou teu futuro."

E eu digo para a minha casa e para a estrada:
"Não tenho passado nem futuro.
Se eu ficar aqui, haverá uma partida em minha
 permanência.
E se eu for, haverá uma permanência em minha partida.
Somente o amor e a morte mudarão todas as coisas."

Meu desejo reunirá

Em breve,
meu anseio recolherá
poeira e espuma
para outro corpo.

Em breve,
um momento de descanso sobre o vento
e outra mulher me dará à luz.

Adeus a ti e
à juventude que passei contigo.

Foi ontem
que nos encontramos em um sonho.

Tu cantaste para mim
em minha solidão,
e eu, a partir de teus anseios,
construí uma torre no céu.

Obras dos textos selecionados

Almas rebeldes (1908) — AR
Asas partidas (1912) — AP
Uma lágrima e um sorriso (1914) — LS
A procissão (1918) — Pc
O louco (1918) — L
O precursor (1920) — OP
O profeta (1923) — P
Areia e espuma (1926) — AE
Jesus, o filho do homem (1928) — JFH
Os deuses da Terra (1931) — DT
O errante (1932) — OE
O jardim do profeta (1933) — JP
Lázaro e sua amada (1933) — LA

A INICIAÇÃO DO AMOR

A primavera do amor (LS), de "A vida do amor"
Beleza no coração (AE)

Primeiro Amor (AP)
Desejo errante (OP)
Cantando o coração (AE)
Beleza e Amor (AP)
Se tens desejos... (P)
Descrevendo o primeiro amor (AP)
Identidade trocada (OE)
Amor de verão (LS), de "A vida do amor"
Ó, amor (OP)
O desejo é metade (AE)
Entre o desejo e a paz (AE)
Deus se move na paixão (P)
Vozes em êxtase (DT)
Seu corpo é a harpa de sua alma (P)
Se seu coração é um vulcão (AE)
O amor atravessando a idade (OE)
Um desejo não realizado (JFH)
Uma paixão não consumida (OE)
Todas as estrelas de minha noite se desvaneceram (JFH)

OS VÉUS DO AMOR

Presentes do amor (AP)
O coração enjaulado (LS), de "Visão"
Amor *versus* lei (AR), de "Madame Rose Hanie"
Três pessoas separadas (AP)
O que os amantes abraçam (AE)

Dois tipos de amor (OE)
Quem amamos? (AE)
Risos e lágrimas (LS)
Amor purificado por lágrimas (AP)
O coração de uma mulher (AP)
O amor acaricia e fere (P)
O outono do amor (LS), de "A vida do amor"
Entre o coração e a alma (LS), de "Os vitoriosos"
Lágrimas e gotas de orvalho (AE)
Profundidade (P)
Onde estás, meu outro eu? (LS)
Quem está crucificando o sol? (JFH)
Estações de teu coração (P)
Grande anseio (L)
Anseio além das palavras (AE)
Sozinho? (JP)
Abrindo o coração (AE)
Falando e ouvindo o coração (AE)
Liberdade e servidão (AE)
Lágrimas pela pessoa amada... (SM)
Colhendo a dor do coração (LS), de "A voz de um poeta"

Todos os nossos relacionamentos

Mãe (AP)
A canção que repousa silenciosa (AE)

Provérbios sobre crianças (AE)
Canções de ninar (AE)
Se o amor estivesse na carne... (JFH)
Esconde-esconde (AE)
Canção de amor (OE)
Amor e ódio (OE)
Dois lados (M)
O eremita, as feras e o amor (OE)
Trabalhando com amor (P)
Ondule um pouco mais perto... (OE)
Provérbios sobre inimigos (JFH)
Amigos e desconhecidos (AE)
Amizade — tempo para viver (P)
A doce responsabilidade da amizade (AE)
Amando o próximo (AE)
Teu semelhante é teu eu desconhecido (JFH)
O vizinho não amigo (JP)
Teu vizinho é um campo (JFH)
Amor e patriotismo (LS), de "A voz de um poeta"
Espaços em vossa união (P)
Chama a chama (DT)
Amando a ovelha perdida (JFH)
Os dedos de uma mão amorosa (LS), de "A voz de um poeta"

Um amor além

O inverno do amor (LS), de "A vida do amor"
Um ritmo para os amantes (JP)
O amor é a única liberdade (AP)
O amor é justiça (LS), de "A voz de um poeta"
O silêncio sussurra ao coração (AP)
A canção de amor das ondas (LS)
Sementes do coração (AE)
Canção do amor (LS)
Luz do amor (AE)
O amor se basta (P)
Quando o amor se torna vasto (JFH), de "João de Patmos"
Fora de meu coração mais profundo (OP)
Anseio pelo coração da pessoa amada (LA)
Amor e tempo (P)
Amor criado em um momento (AP)
Os jardins de nossa paixão (JFH)
Ataque selvagem do amor (DT)
Minha alma é minha amiga (LS), de "A voz de um poeta"
Ficar e partir (AE)
Meu desejo reunirá (P)

Sobre o autor

Dados da vida de Gibran Khalil Gibran:

1883: Nasce em Bsharri, uma aldeia no norte do Líbano.

1895: A mãe de Gibran imigra para Boston com seus quatro filhos na esperança de fugir da pobreza e da infelicidade, enquanto seu marido permanece no Líbano, preso por fraude contra o governo.

1898: Retorna ao Líbano, Beirute, para estudar árabe e francês em uma escola preparatória dirigida por maronitas. Segundo alguns relatos, sua mãe quer afastá-lo de repulsivas influências artísticas em Boston.

1902: Retorna a Boston. Em quinze meses, perde sua mãe, irmã e meio-irmão, vítimas da tuberculose.

1904:   Por meio do fotógrafo Fred Holland Day, conhece Mary Haskell, uma diretora de escola, que se torna sua protetora, musa, editora e possível amante. Publica vários textos em prosa poética, reunidos mais tarde sob o título *Uma lágrima e um sorriso*.

1908-10:   Financiado por Mary, frequenta a escola de arte em Paris.

1911:   Estabelece-se em Nova York, onde inicia uma íntima correspondência com May Ziadeh, uma intelectual libanesa que vive no Cairo.

1918:   *O louco* [*The Madman*], primeiro livro de Gibran escrito em inglês, é publicado.

1920:   Junto com outros escritores e poetas árabes e libaneses que vivem nos Estados Unidos, ele funda uma sociedade literária chamada *Al-Rabitah al-Qalamiyah*, conhecida como Pen Bond.

1923:   *O profeta* é publicado, com sucesso imediato. Ele começa sua amizade com Barbara Young, que mais tarde se torna sua nova musa e editora.

1928:   *Jesus, o filho do homem* é publicado.

1931:   Khalil morre em um hospital de Nova York aos 48 anos, devido a uma cirrose hepática. Como era seu desejo, seu corpo é transladado ao Líbano em 1932 e enterrado em sua cidade natal, Bsharri. Um antigo mosteiro é comprado, e se torna um museu em sua memória.

Esses fatos comuns desmentem a complexidade e a turbulência da vida de Khalil Gibran, tanto internas quanto externas. Como um de seus biógrafos, Suheil Bushrui escreve, em 1998:

> Quanto mais se escrevia sobre Gibran, mais elusivo o homem tendia a se tornar, uma vez que críticos, amigos e biógrafos construíam uma variedade de imagens desconexas. Gibran mesmo é parcialmente culpado disso. Ele escreveu muito pouco sobre sua vida, e em momentos recorrentes de insegurança e "imprecisão", particularmente durante seus primeiros anos de reconhecimento, muitas vezes fabricou ou embelezou suas origens humildes e seu passado conturbado. Essa autoperpetuação de seu mito — uma tendência seguida por outras figuras literárias, como Yeats e Swift — não foi desonestidade intelectual, e sim uma manifestação do desejo da mente poética de criar sua própria mitologia.

É possível encontrar uma boa biografia no site do Gibran National Committee: www.gibrankhalilgibran.org.

Como observa Bushrui, as muitas biografias e estudos biográficos de Gibran não concordam em muitos pontos. São muito parecidos com as diferentes vozes apresentadas no livro de Gibran, *Jesus, o filho do homem*, no qual cada uma relata várias facetas de uma pessoa que abraçou os altos e baixos, as luzes e sombras de uma vida plenamente humana.

A seguir, uma seleção de biografias e coleções de cartas de Gibran.

Bushrui, S., e J. Jenkins. *Khalil Gibran: Man and Poet*. Oxford: Oneworld, 1998.

Bushrui, S., e S. H. al-Kuzbari (eds. e trads.). *Gibran: Love Letters*. Oxford: Oneworld, 1995.

Gibran, J., e K. Gibran. *Khalil Gibran: His Life and World*. Boston: New York Graphic Society, 1974.

Hilu, V. *Beloved Prophet: The Love Letters of Khalil Gibran and Mary Haskell and Her Private Journal*. Nova York: Alfred Knopf, 1972.

Naimy, M. *Khalil Gibran: A Biography*. Nova York: Philosophical Library, 1950.

Waterfield, R. *Prophet: The Life and Times of Khalil Gibran*. Nova York: St. Martin's Press, 1998.

Young, B. (1945). *This Man from Lebanon: A Study of Khalil Gibran*. Nova York: Alfred Knopf, 1945.

Sobre o compilador

Neil Douglas-Klotz é um renomado escritor nas áreas de espiritualidade do Oriente Médio e tradução e interpretação das antigas línguas semíticas hebraico, aramaico e árabe. Vive na Escócia, onde dirige o Edinburgh Institute for Advanced Learning, e durante muitos anos foi copresidente do Mysticism Group of the American Academy of Religion.

Frequente orador e condutor de workshops, é autor de vários livros. Dentre seus títulos sobre a espiritualidade aramaica de Jesus estão: *Orações do cosmo* (Triom, 1990); *O evangelho segundo Jesus aramaico* (Novo século, 2001); *Original Meditation: The Aramaic Jesus and the Spirituality of Creation*; e *Blessings of the Cosmos*. Alguns de seus livros sobre uma visão comparativa da espiritualidade "nativa" do Oriente Médio são: *Sabedoria do deserto* (BestSeller, 1996); e *The Tent of Abraham* (com Rabbi Arthur Waskow e irmã Joan Chittister). Sobre espiritualidade sufi: *The Sufi Book of Life: 99 Pathways of the Heart for the Modern Dervish*, e *A Little Book of Sufi Stories*. Em suas coleções biográficas das obras de seus mestres sufis encontram-se *Sufi Vision and Initiation* (Samuel L. Lewis) e *Illuminating the Shadow* (Moineddin Jablonski). Também escreveu um romance de mistério ambientado na Terra Santa no século I da Era Cristã intitulado *A Murder at Armageddon*.

Para obter mais informações sobre seu trabalho, consulte o site www.abwoon.org, ou sua página no Facebook https://www.facebook.com/AuthorNeilDouglasKlotz/

Este livro foi composto na tipografia
Centaur MT Std, em corpo 13/16, e impresso
em papel off-white no Sistema Cameron da
Divisão Gráfica da Distribuidora Record.